ECHT
HAUSGEMACHT

Über 100 kreative Rezepte von Michael Koch

Essig

INHALT

*»Der Moment,
etwas Selbstgemachtes zu probieren,
ist immer etwas ganz Besonderes«*

Michael Koch

Mein Hausgemachtes

Die Küche war schon immer mein Lieblingsort: zu Hause oder im Restaurant meiner Eltern und später während meiner Ausbildung zum Koch sowieso. Was mich dort als Kind immer schwer beeindruckt hat, waren die Unmengen an Erdbeeren, Johannisbeeren, Aprikosen und Co., die im Sommer von meiner Großmutter eingemacht wurden, und die riesigen Kohlköpfe, die sie hobelte und stampfte, um das Sauerkraut anzusetzen. Beim Obst- und Gemüseputzen war für mich damals natürlich das Naschen noch wichtiger als das Mithelfen. Aber ich durfte auch Marmeladengläser beschriften, zuschauen, wie der Likör abgefüllt oder der Rumtopf angesetzt wurde, und dann alles bis auf Weiteres erst einmal im dunklen Keller verschwand ...

Selbermachen ist wieder groß im Trend – obwohl das Angebot an frischen und verarbeiteten Lebensmitteln in den Supermärkten riesig ist, geht doch nichts über ein selbst gebackenes Brot mit einem hausgemachten herzhaften Aufstrich oder einer sonnenverwöhnten Marmelade. (Ein-)Kochen, backen und Vorräte anlegen macht richtig Spaß, man hat es selbst in der Hand, was drinsteckt, und außerdem ist es viel einfacher, als man denkt. Brauche ich ein kleines Gastgeschenk, dann bringe ich in der Regel etwas aus „Eigenproduktion" mit, denn diese Kleinigkeiten mit meiner ganz persönlichen Note kommen immer am allerbesten an.

In diesem Sinne: Krempeln Sie die Ärmel hoch und machen Sie sich ans Werk – denn hausgemacht schmeckt's einfach besser. Viel Spaß und Erfolg wünscht Ihnen

DAS WICHTIGSTE VORAB

1 Warum heutzutage selber machen?

Trotz reichhaltigem Lebensmittelangebot – es macht Spaß und ist nachhaltig. Denn so vermeidet man unnötige Reste und kann bewusst auf Geschmacksverstärker und Konservierungsmittel verzichten.

2 Wie kann man Frische konservieren?

Methoden zum Haltbarmachen gibt es schon seit der Antike: Räuchern, Salzen, Dörren, Einkochen und Einlegen sind traditionelle Varianten, heute ist Kühlen und Einfrieren eine gute Option. Auch wenn frisches Obst und Gemüse dabei ihr Aussehen verändern – die enthaltenen Nährstoffe bleiben wertvoll.

3 Was sollte ich besonders beachten?

Sauberes und vor allem keimfreies Arbeiten haben beim Haltbarmachen oberste Priorität. Um einen vorzeitigen Verderb der selbst gemachten Köstlichkeiten zu riskieren, lesen Sie die Tipps auf Seite 118–119.

4 Hilfe, alles wird gleichzeitig reif!

Wer eigenes Obst und Gemüse anbaut, der weiß, dass zur Erntezeit alles auf einmal versorgt werden will – da ist Arbeit und Organisation angesagt. Am besten einen Teil direkt verarbeiten und den Rest küchenfertig vorbereiten, in Portionsbeuteln einfrieren und so eine weitere Haltbarmachung in den Herbst bzw. Winter verschieben.

5_ Lohnen sich Hilfsmittel?

Grundsätzlich kann man fast alle Rezepte ohne besonderes Zubehör zubereiten. Wer allerdings jedes Jahr viel Obst und Gemüse erntet oder häufig Joghurt genießt, der sollte über die Anschaffung eines elektrischen Ensafters, eines Dörrautomaten oder eines Joghurtbereiters nachdenken. Sie erleichtern die Arbeit.

6_ Wohin mit meinen Vorräten?

Eingekochtes und Eingelegtes sollte möglichst an einem kühlen und dunklen Ort gelagert werden, idealerweise im Keller oder einer Speisekammer. Ein tiefer und verschlossener Küchenschrank in der Küche ist aber eine Alternative.

7_ Wie bewahrt man Brot auf?

Brot hält sich bei kühler Zimmertemperatur (12 bis 18 °C) in trockenen und belüfteten Brottöpfen aus Keramik, Brotkästen aus Holz oder Kunststoff sowie in Brotsäcken aus Stoff am besten. Bildet sich Schimmel, den ganzen Laib entsorgen!

8_ Essbares als Gastgeschenk?

Aber ja – Ihr Gastgeber wird es Ihnen danken! Die meisten Rezepte in diesem Kapitel sind 2 bis 4 Wochen haltbar. Dennoch sollten Sie auf einem Etikett die Haltbarkeit vermerken, am besten noch mit einem persönlichen Gruß.

IMMER GUT VERSORGT

Eine vernünftige Vorratshaltung: Was ursprünglich überlebensnotwendig war, gewinnt wieder mehr und mehr an Bedeutung. Und das aus gutem Grund.

NAHRUNG BEDEUTET LEBEN

In unserer modernen Gesellschaft, in der Lebensmittel zu jeder Tageszeit und an jeder Straßenecke frisch zu haben sind, stellt die Versorgung kein großes Problem mehr dar – wie war es jedoch früher, ohne erreichbaren Supermarkt und ohne Kühlschrank?

Vorratshaltung gab es schon in der Antike. In großen Gefäßen, die meist aus Ton gefertigt waren, wurden Öl, Wein, Getreide oder Oliven in größeren Mengen aufbewahrt. Um diese zu kühlen, grub man die dickbauchigen, flaschenähnlichen Tonkrüge bis zum Rand ein und verschloss sie mit Deckeln. Stichwort Kühlung: Um leicht verderbliche Lebensmittel möglichst lang aufbewahren zu können, wurden später dicke Brocken Natureis im Winter abgeschlagen und in dunklen Eiskellern gelagert. Oft bepflanzte man die Fläche darüber mit schattenspendenden Kastanien, um das Erdreich vor Sonnenstrahlen zu schützen – der Grund, warum in bayerischen Biergärten traditionell Kastanien zu finden sind. Später entstanden aus diesen Eisräumen die Eiskisten, Vorläufer des Kühlschranks.

Selbstversorgung war in allen Zeiten ein überlebenswichtiges Thema: Wer sich nicht rechtzeitig vor dem Winter mit Vorräten eindeckte, dem standen schwere Monate bevor. Erfindungsreichtum und Erfahrung führten zu unterschiedlichen Techniken, Lebensmittel möglichst lange genießbar zu halten: Beim Dörren z.B. wird dem Obst durch Trocknen Wasser entzogen. Die Industrie setzt dabei meist Schwefel zu. Wer darauf verzichten will, dörrt selbst im eigenen Backofen.

> *Tongefäße in einem Keller*

> *Aufgefädelte, getrocknete Apfelscheiben*

VORRATSHALTUNG HEUTE

Früher waren Keller und Speisekammer die wichtigsten Räume im Haus. In Zeiten von Tiefkühltruhe, Kühlschrank und Rundumversorgung finden sie oft gar keine Berücksichtigung mehr in der Architektur moderner Häuser. Dabei macht Vorratshaltung heute wie früher Sinn: Wer selbst zubereitet, der weiß genau, was drin ist. Und kann auch darauf zurückgreifen, wenn mal wenig Zeit zum Vorbereiten sein sollte. Im Mittelpunkt stehen dabei aber die Liebe zu und die Wertschätzung von wertvollen Nahrungsmitteln. Bevor Obst verdirbt und im Kompost landet, wird es ohne großen Aufwand eingelegt oder eingekocht. Und bevor der Rest vom Sonntagsbraten schlecht wird und entsorgt werden muss, wird er in Form von Sülze köstlich weiterverwertet und schmeckt so auch noch Tage später. Moderne Geräte wie Kühlschrank und Vakuumierer helfen bei der Lagerung, spezielle Elektrogeräte wie Entsafter etc. erleichtern die Zubereitung.

> Metalldosen und Frischhaltedosen aus Kunststoff

> Doppelt hält besser: vakuumieren und tiefkühlen

GUT VERPACKT HÄLT LANGE FRISCH

Alles, was in Vorratsregal, Kühlschrank und Gefriertruhe unterkommt, braucht ein passendes Aufbewahrungsgefäß – und da sind die Möglichkeiten vielfältig. Glas, Papier, Alufolie, Blech und Kunststoffe können je nach Bedarf praktische Verpackungsmaterialien sein: Gläser mit passenden Schraubdeckeln bzw. Bügelgläser mit Deckeln samt Dichtungsring eignen sich vor allem für Inhalte, die luftdicht verschlossen werden sollen, z.B. Müsli, Teigwaren, Mehl, Flocken und andere Getreideprodukte. Sie schützen nicht nur vor Verderb, sondern auch vor Küchenschädlingen wie z.B. Mehlmotten. Für Eingekochtes und Eingelegtes sollten die Gläser vor dem Gebrauch unbedingt sterilisiert werden (siehe S. 118/119), um sie von Keimen zu befreien. Auch Kunststoffbeutel sind eine Möglichkeit zum luftdichten Verpacken: Vakuumiergeräte verschließen den Inhalt hermetisch, die dazu passenden Beutel sind sogar für die Weiterverarbeitung im Wasserbad geeignet („Sous-Vide-Garen"). Kunststoffbehälter sind perfekt für Kühlschrank und Gefrierschrank geeignet und in verschiedensten Größen, Formen und Farben im Fachhandel erhältlich.

MODERN VORRAT HALTEN

Technik erleichtert vieles und macht natürlich auch die Speisekammer effektiver. Wie man sie einsetzt, hängt von individuellen Bedürfnissen ab.

1. WAS WIRD WIE UND WO GELAGERT

Lebensmittel sinnvoll zu bevorraten ist ganz und gar nicht spießig und in der Schweiz in Form einer Notration sogar gesetzlich geregelt. Wenn Sie auf einen praktischen Vorrat zurückgreifen können, dann sparen Sie damit nicht nur Zeit, sondern auch Geld.

Alle trockenen, haltbaren Lebensmittel wie Getreideprodukte (Müsli, Reis, Teigwaren etc.), Nüsse, Konserven, Gewürze sowie Essig & Öl gehören in den Küchenschrank bzw. in ein Regal – und dafür ist in der kleinsten Küche Platz. Zur Not zimmerwarm, aber unbedingt dunkel gelagert werden sollten Kartoffeln, Zwiebeln und Knoblauch, damit sie nicht austreiben. Frisches Gemüse (mit Ausnahme von Tomaten), Eier, Milchprodukte, Fleisch und Wurstwaren sowie Fisch und Meeresfrüchte müssen im Kühlschrank in den jeweiligen Kühlzonen gelagert werden. Verfügt Ihr Gerät über ein 0 °C-Fach, dann können sie auch noch nach Tagen einen knackig-frischen Salat entnehmen und besonders leicht verderblichen Fisch deutlich länger aufbewahren als in einem herkömmlichen Kühlschrank. Auskunft über die Haltbarkeit gibt bei verpackten Lebensmitteln das Mindesthaltbarkeitsdatum (MHD), das garantiert, wie lange das Produkt qualitativ 100 %ig einwandfrei ist. Fleisch und Fisch sollten Sie so schnell wie möglich verzehren, bei lose gekauftem Obst und Gemüse sind vor allem Ihre Sinne gefragt: Was noch frisch aussieht und gut riecht, ist in der Regel noch genießbar. Was fault oder schimmelt gehört in die Biomülltonne bzw. auf den Kompost.

So lange hält sich Selbstgemachtes

LEBENSMITTEL	HALTBARKEIT
Weißbrot, Brezeln	2–3 Tage im Brottopf, Brotkasten
Vollkornbrot	bis zu 1 Woche im Brottopf, Brotkasten
Gebeizter Lachs	1–2 Tage im Kühlschrank
Geräucherter Lachs	max. 4 Tage im Kühlschrank
Joghurt	1 Woche im Kühlschrank
Gelee/ Konfitüre/ Marmelade	Je nach Zuckeranteil 6 Monate bis 2 Jahre im Vorratsschrank/ Keller. Geöffnet im Kühlschrank aufbewahren, Inhalt nur mit sauberem Löffel entnehmen
Kompott (sterilisiert)	1 Jahr und länger im Vorratsschrank/Keller
Fruchtsirup	ca. 4 Wochen im Kühlschrank
Likör	Je nach Alkoholgehalt 6 Monate bis 2 Jahre im Vorratsschrank/Keller
Kräuteröl	3–4 Monate dunkel und kühl gelagert
Kräuteressig	3–4 Monate im Vorratsschrank/ Keller
Senfgurken	1 Jahr und länger im Vorratsschrank/Keller

2. PROFESSIONELLE HILFE

Vielleicht gehören Sie in puncto Küchengeräte schon zu den Top-Ausgestatteten, vielleicht auch nicht, und Sie entdecken beim Ausprobieren und Nachkochen der Rezepte in diesem Buch plötzlich eine ganz neue Leidenschaft und stehen nun vor der Entscheidung sich „aufzurüsten". Für wen sich die Anschaffung welcher Geräte wirklich lohnt, erfahren Sie hier.
Keine Angst, die Rezepte in diesem Buch sind so ausgewählt, dass Sie weder Dampfentsafter, Einkoch- und Dörrautomat, Räucherofen, Gärtopf oder Joghurtbereiter brauchen. Äpfel kann man weich kochen, durch die Flotte Lotte drehen, in ein Passiertuch füllen und so den Saft auspressen. Obst und Gemüse einkochen (sterilisieren) und trocknen lässt sich genauso gut im Backofen, und das fein gehobelte Sauerkraut findet auch in einem großen Bügelglas Platz.
Was Sie lediglich brauchen, ist eine ganz normale Grundausstattung mit Herd, Backofen und einer Küchenmaschine bzw. einem Stabmixer oder Blitzhacker. Wer hingegen über einen eigenen (Schreber-)Garten verfügt und mit einer reichhaltigen Ernte beglückt wird oder wer ausschließlich gekaufte Bioprodukte im größeren Stil verarbeiten möchte, für den sind spezielle Geräte wie z.B. ein Einkochautomat von Vorteil. Mit ihm kann man Johannisbeeren & Co. dampfentsaften, Apfelkompott einkochen und ihn sogar als Warmhaltegerät, z.B. für Glühwein oder Punsch, verwenden.
Sie naschen gerne Trockenobst oder gehen mit Begeisterung Pilze sammeln? Dann spricht alles dafür, dass Sie sich einen Dörrautomaten leisten, mit dem Sie gleich in mehreren Etagen auf einmal Apfel-, Birnen- oder Pilzscheiben trocknen können. Hobbyangler und Fischfans, die regelmäßig räuchern, werden sich auf Dauer mit dem Mini-Räucherset aus dem Anglerbedarf nicht zufriedengeben. Hier empfiehlt sich ein Kugelgrill, in dem man prima räuchern kann oder gleich das High-End-Gerät: ein Smoker.

KLASSIKER

Grießnockerl und Chili-Brätstrudel

FÜR 4 PERSONEN

Für die Grießnockerl

160 ml Fleischbrühe (siehe S. 34)
160 ml Milch
120 g Hartweizengrieß
1 Ei (Größe L)
1 Eigelb
½ TL abgeriebene Bio-Zitronenschale
frisch geriebene Muskatnuss
Salz

Für die Chili-Brätstrudel

200 g feines Bratwurstbrät (vom Kalb oder Schwein)
50 g Sahne
2 EL gehackte Petersilie
½ TL abgeriebene Bio-Zitronenschale
Salz
frisch geriebene Muskatnuss
Chiliflocken
2 Schnittlauchpfannkuchen
1 EL Butter

ZUBEREITUNG // 25 min // 15 min

1 Für die Grießnockerl die Brühe mit der Milch aufkochen. Den Grieß einrieseln lassen und unter Rühren 2 bis 3 Minuten „abbrennen“, bis sich ein weißer Belag am Topfboden bildet. Die Grießmasse etwas abkühlen lassen, dann das Ei und das Eigelb unterrühren und die Grießnockerlmasse mit der Zitronenschale und Muskatnuss würzen.

2 Reichlich Salzwasser zum Kochen bringen. Mit zwei angefeuchteten Esslöffeln aus der Grießmasse Nockerl abstechen und im Salzwasser zugedeckt 10 bis 12 Minuten ziehen lassen. Herausheben und als Suppeneinlage in einer hausgemachten Fleischbrühe (siehe S. 34) servieren.

3 Für die Chili-Brätstrudel das Bratwurstbrät in eine Schüssel geben und mit der Sahne und der Petersilie glatt rühren. Mit der Zitronenschale, Salz und je 1 Prise Muskatnuss und Chiliflocken würzen.

4 Die Pfannkuchen mit der Brätmasse bestreichen und fest aufrollen. Zwei große Stücke Alufolie mit der Butter bestreichen und die Pfannkuchen darin einrollen, die Folienenden wie bei einem Bonbon zusammendrehen.

5 Reichlich Wasser in einem großen Topf erhitzen und die Chili-Brätstrudel darin zugedeckt bei schwacher Hitze 10 bis 15 Minuten ziehen lassen. Die Strudel auspacken, schräg in etwa 1 cm dicke Scheiben schneiden und als Suppeneinlage in einer hausgemachten Fleischbrühe (siehe S. 34) servieren.

TIPP *Für grüne Spätzle je 60 g Petersilie und Spinat blanchieren, abgießen und gut ausdrücken. Mit 100 g Schmand, 5 Eiern und 1 EL Öl fein pürieren und kräftig mit Salz und Muskatnuss würzen. Mit 500 g Spätzlemehl mit dem Handrührgerät verkneten, bis der Teig Blasen wirft. Reichlich Salzwasser aufkochen und den Teig portionsweise mit dem Spätzlehobel oder der Spätzlepresse in das Wasser geben und darin ziehen lassen, bis sie an die Oberfläche steigen.*

das sind unsere Lieblinge

Linseneintopf mit Wiener Würstchen

ZUBEREITUNG // 20 min // 12 h // 45 min

1 Die Linsen über Nacht in einer Schüssel mit reichlich Wasser einweichen. Am nächsten Tag in ein Sieb abgießen und abtropfen lassen.

2 Den Sellerie und die Möhren putzen und schälen. Die Kartoffeln schälen und waschen, die Zwiebel schälen. Alles in kleine Würfel schneiden. Etwa 700 ml Wasser in einem Topf aufkochen. Die Gemüsewürfel und die Linsen sowie die Lorbeerblätter dazugeben und zugedeckt bei schwacher Hitze 30 Minuten garen. Dabei gelegentlich umrühren.

3 Die Butter in einem kleinen Topf zerlassen, das Mehl dazugeben und unter Rühren anschwitzen. Etwas Kochwasser von den Linsen abnehmen und in die Mehlschwitze rühren. Diese dann unter die Linsensuppe rühren und den Eintopf offen etwa weitere 10 Minuten köcheln lassen, so dass er leicht andickt.

4 Den Linseneintopf mit Salz, Pfeffer und Essig abschmecken. Die Würstchen in Scheiben schneiden und mit der Petersilie etwa 5 Minuten im Eintopf heiß werden lassen.

FÜR 4 PERSONEN

250 g braune Linsen (Tellerlinsen)
200 g Knollensellerie
2 Möhren
3 festkochende Kartoffeln
1 Zwiebel
2 Lorbeerblätter
2 EL Butter
2 EL Mehl
Salz · Pfeffer aus der Mühle
2–3 EL Weinessig
4 Wiener Würstchen
2 EL gehackte Petersilie

FÜR 4 PERSONEN

Für die Suppe

700 g Rindfleisch (aus der Schulter)

400 g Zwiebeln · 1–2 EL Öl

1 EL Tomatenmark

¾ l Fleischbrühe (siehe S. 34)

1 rote Paprikaschote

400 g festkochende Kartoffeln

Salz · Pfeffer aus der Mühle

1 Lorbeerblatt · 4 EL saure Sahne

Außerdem

2 Knoblauchzehen

je ½ TL ganzer Kümmel und getrockneter Majoran

abgeriebene Schale von ½ Bio-Zitrone

½ TL Paprikapulver (edelsüß)

1–2 EL Fleischbrühe

Gulaschsuppe mit saurer Sahne

ZUBEREITUNG // 40 min // 2 h 35 min

1 Für die Suppe das Fleisch von Fett und Sehnen befreien und in 1 bis 2 cm große Würfel schneiden. Die Zwiebeln schälen und in feine Würfel schneiden. In einem Topf die Fleischwürfel im heißen Öl bei mittlerer Hitze rundum anbraten und wieder herausnehmen.

2 Die Zwiebeln im Bratfett anbraten. Das Tomatenmark unterrühren und kurz mitrösten. Das Fleisch wieder hinzufügen und die Brühe angießen. Die Suppe zugedeckt bei schwacher Hitze etwa 2 Stunden köcheln lassen.

3 Paprika längs halbieren, entkernen, waschen und in kleine Würfel schneiden. Die Kartoffeln schälen, waschen und in 1 cm große Würfel schneiden. Beides nach 2 Stunden Garzeit zur Suppe geben. Mit Salz und Pfeffer abschmecken, das Lorbeerblatt dazugeben und die Suppe weitere 30 Minuten garen.

4 Geschälten Knoblauch mit Kümmel und Majoran im Mörser zerreiben. Die Zitronenschale und das Paprikapulver mit der Brühe glatt rühren. Beides zur Suppe geben und weitere 5 Minuten ziehen lassen.

5 Die Suppe mit Salz und Pfeffer abschmecken und mit je 1 EL saurer Sahne garnieren. Dazu schmeckt Bauernbrot.

für Kenner

Maultaschen
mit Spinat-Hackfleisch-Füllung

FÜR 4 PERSONEN

Für den Teig

200 g Mehl
100 g Hartweizengrieß
3 Eier
2–3 EL Olivenöl
Salz

Für die Füllung

50 g Toastbrot
50 ml Milch · 1 kleine Zwiebel
80 g durchwachsener Speck
250 g Blattspinat
Salz
200 g Kalbshackfleisch
150 g Bratwurstbrät
1 großes Ei (verquirlt)
1 EL scharfer Senf
Pfeffer aus der Mühle
1 Msp. abgeriebene Bio-Zitronenschale
1 EL gehackte Petersilie

Außerdem

Mehl zum Bestäuben
1 verquirltes Ei · Salz

ZUBEREITUNG // ⏲ 1 h

1 Für den Teig das Mehl, den Grieß, die Eier, das Olivenöl und 1 Prise Salz zu einem festen, glatten Nudelteig verkneten. In Frischhaltefolie wickeln und im Kühlschrank etwa 30 Minuten ruhen lassen.

2 Für die Füllung das Toastbrot in kleine Würfel schneiden. Die Brotwürfel in einer Schüssel in der Milch einweichen. Die Zwiebel schälen und in feine Würfel schneiden. Den Speck in kleine Würfel schneiden und in einer Pfanne bei milder Hitze anbraten. Nachdem etwas Fett ausgetreten ist, die Zwiebelwürfel hinzufügen und unter gelegentlichem Rühren glasig dünsten.

3 Die Spinatblätter verlesen, waschen und abtropfen lassen, grobe Stiele entfernen. Spinat in kochendem Salzwasser 2 Minuten blanchieren. In ein Sieb abgießen, kalt abschrecken und abtropfen lassen. Die Blätter mit den Händen gut ausdrücken und den Spinat klein hacken.

4 Das Hackfleisch mit dem Wurstbrät zu dem Brot in die Schüssel geben. Ei, Senf, Speck-Zwiebel-Mischung und Spinat dazugeben und alles gut mischen. Mit Salz, Pfeffer, der Zitronenschale und der Petersilie würzen.

5 Den Nudelteig portionieren und mit dem Nudelholz in nicht zu dünne, 10 bis 12 cm breite Bahnen ausrollen, dabei mit etwas Mehl bestäuben. Jede Teigbahn sofort mit Frischhaltefolie bedecken. Die Hackfleischmasse in einen Spritzbeutel mit glatter Lochtülle (etwa 1½ cm Durchmesser) füllen.

6 Jede Teigbahn mit verquirltem Ei bestreichen. Die Füllung mit dem Spritzbeutel längs auf das untere Drittel jeder Teigbahn in einem langen Strang aufspritzen. Die gefüllte Nudelbahn der Länge nach aufrollen. Mit einem Kochlöffelstiel im Abstand von etwa 3 cm Maultaschen aus der Nudelrolle abdrücken. An dem flach gedrückten Stück Teig die Maultaschen durchschneiden und die Teigenden jeder Maultasche nochmals etwas andrücken. Die Maultaschen in leicht siedendem Salzwasser 5 bis 8 Minuten ziehen lassen. Mit dem Schaumlöffel herausnehmen und in heißer Fleischbrühe (siehe S. 34) servieren.

Hausgemachte Spätzle

Grundrezept mit Variationen

ZUBEREITUNG // ⏲ 30 min

1 Das Mehl mit den Eiern und 1 TL Salz in einer Schüssel mit den Knethaken des Handrührgeräts zu einem glatten, zähflüssigen Teig verarbeiten, dabei gegebenenfalls noch etwas kaltes Wasser hinzufügen. Den Teig so lange rühren, bis er Blasen wirft.

2 In einem großen Topf 2 bis 3 l Salzwasser zum Kochen bringen. Den Spätzlehobel bzw. die Spätzlepresse kurz in das Wasser tauchen, den Teig portionsweise einfüllen und die Spätzle in das siedende Wasser hobeln bzw. pressen.

3 Wenn die Spätzle an die Oberfläche steigen, einmal kurz aufkochen lassen. Mit dem Schaumlöffel herausheben, kalt abschrecken und abtropfen lassen. Mit dem restlichen Teig ebenso verfahren. Die Spätzle sofort servieren oder kalt abschrecken, abtropfen und abkühlen lassen und in Butter geschwenkt reichen.

4 Diesen Spätzle-Grundteig können Sie mit 2–3 EL feinen Schnittlauchröllchen, 2 EL gemahlenem Mohn bzw. Haselnüssen oder mit 1 TL fein abgeriebener Zitronenschale und 1 TL Chiliflocken variieren.

FÜR 4 PERSONEN

500 g doppelgriffiges Mehl
(Wiener Grießler oder Spätzlemehl)
6 Eier · Salz

FÜR 4 PERSONEN

3 Scheiben Toastbrot
3 EL Butter
2 TL gehackte Petersilie
2 kg mehligkochende Kartoffeln
Salz
1 TL ganzer Kümmel
4 Eigelb
2 schwach gehäufte EL Speisestärke (25–30 g)

Kartoffelknödel halb und halb

ZUBEREITUNG // 40 min // 45 min

1 Das Toastbrot in kleine Würfel schneiden und in der Butter goldbraun rösten. Auf Küchenpapier abtropfen lassen und in einer Schüssel mit der Petersilie mischen.

2 600 g Kartoffeln waschen und in reichlich Salzwasser mit dem Kümmel weich garen. Die Kartoffeln abgießen, möglichst heiß pellen und durch die Kartoffelpresse in eine Schüssel drücken.

3 Die restlichen Kartoffeln schälen, waschen und auf der Gemüsereibe fein reiben. Die Kartoffelraspel in einem Küchentuch fest ausdrücken, dabei das Kartoffelwasser auffangen. 10 Minuten stehen lassen, dabei setzt sich die Stärke am Boden ab. Das Wasser abgießen und die Stärke mit den Kartoffelraspeln in einer Schüssel mit durchgepressten Kartoffeln, Eigelben, Speisestärke und Salz zu einem glatten Knödelteig vermischen.

4 Daraus mit angefeuchteten Händen Knödel formen, etwas flach drücken, mit den gerösteten Toastwürfeln füllen und die Knödel rund und glatt formen. Die Kartoffelknödel in siedendem Salzwasser 20 Minuten gar ziehen lassen.

Sauerbraten mit Kartoffelklößen und Rotkohlsalat

FÜR 4 PERSONEN

Für den Sauerbraten
2 Zwiebeln
5 Wacholderbeeren
6 Pfefferkörner
3 Pimentkörner
1 Lorbeerblatt
¼ l Weißweinessig
800 g Rindfleisch (aus der Schulter; z.B. Schildstück)
Salz · Pfeffer aus der Mühle
2 EL Butterschmalz
ca. 100 ml Rinderfond (aus dem Glas)
4–5 EL Rübenkraut
ca. 1 EL Speisestärke

Für die Kartoffelklöße
700 g mehligkochende Kartoffeln
Salz · 100 g Speisestärke
1 Ei · frisch geriebene Muskatnuss · 1 EL Butter

Für den Rotkohlsalat
400 g Rotkohl
1 Zwiebel · 2 EL Butter
150 ml Orangensaft
4 EL Weißweinessig
1 EL Preiselbeeren (aus dem Glas)
3 EL Öl
Salz · Pfeffer aus der Mühle

ZUBEREITUNG // 1 h // 40 min // 2–4 d

1 Zwei bis 4 Tage im Voraus für den Sauerbraten die Zwiebeln schälen, in grobe Stücke schneiden und in einen Topf geben. Die Gewürze, den Essig und ¼ l Wasser hinzufügen und aufkochen. Den Sud erkalten lassen und dann das Fleisch darin einlegen. In einem gut verschlossenen Topf im Kühlschrank ziehen lassen. Zwischendurch wenden.

2 Am Vortag für die Kartoffelklöße die Kartoffeln mit der Schale gründlich waschen und in Salzwasser weich garen. Abgießen, ausdampfen lassen und heiß pellen. Durch die Kartoffelpresse drücken und bis zum nächsten Tag kühl stellen.

3 Das Fleisch aus der Marinade nehmen, gut trocken tupfen und mit Salz und Pfeffer würzen. Das Butterschmalz in einer Pfanne erhitzen und das Fleisch darin rundum anbraten, mit der Marinade ablöschen und den Bratsatz lösen. Das Fleisch mit dem Sud und dem Fond im Schnellkochtopf auf höchster Stufe 30 bis 40 Minuten garen.

4 Für den Rotkohlsalat den Kohl putzen und in feine Streifen schneiden oder hobeln. Die Zwiebel schälen und in feine Würfel schneiden. In einem Topf die Zwiebel in der Butter andünsten. Mit dem Orangensaft und dem Essig ablöschen, aufkochen und die Preiselbeeren einrühren. Die warme Sauce über den Rotkohl gießen, durchmischen und 15 Minuten ziehen lassen. Das Öl untermischen und mit Salz und Pfeffer abschmecken.

5 Die Kartoffelmasse mit 1 EL Salz und den restlichen Zutaten zu einem Teig verkneten. Aus der Masse mit angefeuchteten Händen gleich große Klöße formen und in kochendes Salzwasser geben. Bei schwacher Hitze und halb aufgelegtem Deckel 15 bis 20 Minuten ziehen lassen.

6 Das Fleisch herausnehmen, die Sauce durch ein feines Sieb gießen und mit Salz und Rübenkraut abschmecken. Die Speisestärke mit wenig kaltem Wasser glatt rühren und die Sauce damit binden. Den Sauerbraten in Scheiben schneiden und mit den Klößen, der Sauce und dem Rotkohlsalat servieren. Nach Belieben Apfelmus dazu reichen.

zum
Verwöhnen

Wiener Schnitzel mit Kartoffelsalat

FÜR 4 PERSONEN

Für den Kartoffel-Gurken-Salat

1 kg kleine festkochende Kartoffeln · Salz

½ TL ganzer Kümmel

1 Zwiebel

1 EL Öl

300 ml Hühnerbrühe

1 EL scharfer Senf

3–4 EL Weißweinessig

Zucker · Cayennepfeffer

2 EL geklärte Butter

1 Salatgurke

Für die Wiener Schnitzel

ca. 4 EL Mehl

ca. 150 g Paniermehl

2 Eier

4 Kalbsschnitzel (ca. 800 g)

Salz · Pfeffer aus der Mühle

2 EL Öl

4 EL Butter

1 Bio-Zitrone

ZUBEREITUNG // 40 min // 35 min

1 Für den Salat die Kartoffeln mit der Schale gründlich waschen und in Salzwasser mit dem Kümmel weich garen. Kartoffeln abgießen, ausdampfen lassen und möglichst heiß pellen. Abgedeckt beiseitestellen. Die Zwiebel schälen und in feine Würfel schneiden. Das Öl in einer Pfanne erhitzen, die Zwiebel darin andünsten. Die Kartoffeln in etwa ½ cm dicke Scheiben schneiden und mit der Zwiebel in eine große Schüssel geben.

2 Für die Marinade die Brühe aufkochen. Den Senf, den Essig und 150 g gekochte Kartoffeln dazugeben. Mit dem Stabmixer pürieren und kräftig mit Salz, Zucker und Cayennepfeffer abschmecken. Die Marinade gut mit den Kartoffelscheiben mischen und kurz ziehen lassen.

3 Die geklärte Butter unter den Salat rühren. Die Gurke schälen und in feine Scheiben schneiden. Unter den Kartoffelsalat heben und nach Belieben nochmals abschmecken.

4 Für die Schnitzel das Mehl und das Paniermehl jeweils in tiefe Teller geben. Die Eier in einem tiefen Teller verquirlen. Die Kalbsschnitzel zwischen zwei Lagen Frischhaltefolie mit einem Messer plattieren (flach klopfen). Die Schnitzel mit Salz und Pfeffer würzen und im Mehl wenden, danach durch die verquirlten Eier ziehen und zuletzt im Paniermehl wenden.

5 In einer Pfanne portionsweise 2 EL Öl erhitzen und darin je 2 Schnitzel etwa 2 Minuten braten. Die Schnitzel dann jeweils wenden, 2 EL Butter dazugeben und weitere 2 Minuten braten. Auf Küchenpapier abtropfen lassen. Die Zitrone in Spalten schneiden. Die Wiener Schnitzel mit dem Kartoffel-Gurken-Salat und Zitronenspalten servieren.

TIPP *So kann man ganz einfach die Panade variieren: Mischen Sie 40 g gemahlene Mandeln, gehackte Haselnüsse, zerbröselte Nacho-Chips oder 1 EL gehackten Thymian unter die Semmelbrösel.*

ROSTFREI

Kräuterbutter dreimal anders

FÜR 1 GLAS (CA. 200 ML)

150 g weiche (Sauerrahm-)Butter
je ½ Bund Petersilie, Rosmarin und Oregano
3 Stiele Estragon
1 Knoblauchzehe
2 Msp. abgeriebene Bio-Zitronenschale
1 TL Zitronensaft
1 Msp. Currypulver
Salz · Pfeffer aus der Mühle

KLASSISCH // 15 min

1 Die weiche Butter in Stücke schneiden, in eine Rührschüssel geben und mit den Quirlen des Handrührgeräts cremig-weiß rühren.

2 Die Kräuter waschen und gut trocken tupfen, die Blätter bzw. Nadeln abzupfen und fein hacken. Den Knoblauch schälen und zur Butter pressen. Die Kräuter, die Zitronenschale und den Zitronensaft gründlich unter die Butter rühren, mit Currypulver, Salz und Pfeffer würzen. Die Kräuterbutter in ein sauberes Glas füllen und kühl stellen.

FÜR 1 GLAS (CA. 200 ML)

150 g weiche (Sauerrahm-)Butter
½ Bund Petersilie
1 Knoblauchzehe
abgeriebene Schale und Saft von 1 Bio-Limette
Salz · Pfeffer aus der Mühle
1–2 Msp. Chilipulver

MIT LIMETTE UND PETERSILIE // 15 min

1 Die weiche Butter wie oben beschrieben cremig rühren.

2 Die Petersilie waschen, trocken schütteln, die Blätter abzupfen und fein hacken. Den Knoblauch schälen und zur Butter pressen. Petersilie, Limettenschale und 3 EL Limettensaft unter die Butter rühren, mit Salz, Pfeffer und Chilipulver würzen. In ein sauberes Glas füllen und kühl stellen.

FÜR 1 GLAS (CA. 200 ML)

30 g getrocknete Steinpilze
1 Schalotte
1 Knoblauchzehe
1 Zweig Rosmarin
2 Zweige Thymian
150 g weiche (Sauerrahm-)Butter
Salz · Pfeffer aus der Mühle

MIT PILZEN // 35 min

1 Die Pilze mit kochendem Wasser übergießen und 15 Minuten quellen lassen. Abgießen und fein hacken. Schalotte und Knoblauch schälen, in feine Würfel schneiden. Die Kräuter waschen, trocken tupfen, Blätter bzw. Nadeln abzupfen und fein hacken.

2 Schalotte und Knoblauch in 1 EL Butter andünsten. Pilze und Kräuter dazugeben und die Flüssigkeit unter Rühren verdampfen lassen. Mit Salz und Pfeffer würzen und abkühlen lassen.

3 Die restliche Butter wie oben beschrieben cremig rühren. Die Pilzmischung unterrühren und eventuell mit Salz und Pfeffer würzen. In ein sauberes Glas füllen und kühl stellen.

Tomatenketchup selbst gemacht

ZUBEREITUNG // ⏲ 15 min // 1 h

1 Die Zwiebel schälen und in feine Würfel schneiden. Den braunen Zucker in einem Topf bei schwacher Hitze hell karamellisieren. Die Zwiebelwürfel dazugeben und kurz andünsten. Das Tomatenmark hinzufügen und etwas mitrösten.

2 Die stückigen Tomaten, die Brühe und den Apfelsaft dazugeben und alles etwa 30 Minuten knapp unter dem Siedepunkt mehr ziehen als köcheln lassen.

3 Das Currypulver, je 1 Prise Chiliflocken und Nelkenpulver und den Essig zu den Tomaten geben. Alles mit dem Stabmixer pürieren und dabei das Öl einlaufen lassen. Den Ketchup mit Salz abschmecken.

4 Den Ketchup in eine heiß ausgespülte Flasche füllen, verschließen und im Wasserbad im Backofen bei 180 °C 30 Minuten einkochen.

Tipp: Verwenden Sie 2 EL Rübensirup statt Salz, 1 EL Rauchsalz, 1 TL Räucherpaprika, 1 EL Worcestershire, 1 TL Tabasco und schon haben sie eine schnelle BBQ-Sauce.

FÜR CA. 1 L

1 Zwiebel
50 g brauner Zucker
1 geh. EL Tomatenmark
600 g stückige Tomaten (aus der Dose)
150 ml Gemüsebrühe
50 ml Apfelsaft
1 EL Currypulver
Chiliflocken
Nelkenpulver
1 TL Apfelessig
50 ml Öl
1 gestr. EL Salz

FÜR JE 2 GLÄSER (À CA. 250 ML)

Für den feinen Dijon-Senf
1 säuerlicher Apfel
2 Zwiebeln
1 Knoblauchzehe
400 ml Apfelessig
1 Lorbeerblatt · 1 TL Pfefferkörner
2 Gewürznelken
50 g gelbes Senfmehl
50 g braunes Senfmehl · Salz

Für den groben Senf
50 g gelbe Senfkörner
50 g schwarze Senfkörner
1 Zwiebel · 1 Knoblauchzehe
1 TL Koriandersamen
1 Lorbeerblatt · 2 Gewürznelken
100 ml Weinessig · Salz
2–3 EL Honig

Feiner Dijon-Senf und grober Senf

ZUBEREITUNG // 40 min // 2–3 d

1 Für den Dijon-Senf den Apfel vierteln, schälen und das Kerngehäuse entfernen. Die Apfelviertel in grobe Würfel schneiden. Zwiebeln und Knoblauch schälen und in feine Würfel schneiden. Apfel, Zwiebeln und Knoblauch mit Essig, Lorbeerblatt, Pfeffer und Gewürznelken aufkochen und zugedeckt bei schwacher Hitze etwa 20 Minuten köcheln lassen.

2 Das Senfmehl und ½ TL Salz in eine Schüssel geben und den gekochten Sud unter Rühren durch ein Sieb dazugießen. In Schraubgläser abfüllen, auskühlen lassen. Kühl und dunkel gelagert mindestens 2 Tage ziehen lassen.

3 Für den groben Senf die Senfkörner in eine Schüssel geben. Zwiebel und Knoblauch schälen und in feine Würfel schneiden. Beides mit etwa 125 ml Wasser, Koriander, Lorbeerblatt, Gewürznelken, Essig, 1 TL Salz und dem Honig aufkochen. Durch ein Sieb über die Senfkörner gießen. Zugedeckt 2 bis 3 Tage quellen lassen.

4 Die Senfmischung grob pürieren, in vorbereitete Gläser füllen und gut verschließen. Den groben Senf kühl und dunkel gelagert etwa 1 Woche ziehen lassen.

Hausmacher-Leberwurst

FÜR 4 GLÄSER (À 200 ML)

1 Bund Suppengemüse
3 Zweige Thymian
1 Lorbeerblatt
8 schwarze Pfefferkörner
Salz
150 g Schweineschulter
250 g Kalbsleber
600 g Schweinebauch (mit Schwarte)
1 große Zwiebel
2 EL Sonnenblumenöl
1 TL getrockneter Majoran
¾ TL getrockneter Thymian
½ TL Ingwerpulver
½ TL gemahlener Piment
frisch geriebene Muskatnuss
Pfeffer aus der Mühle

ZUBEREITUNG // 1 h // 3 h

1 Das Suppengemüse putzen und waschen bzw. schälen und in grobe Stücke schneiden. Den Thymian waschen. Suppengemüse und Thymian in einem großen Topf mit 1,2 l Wasser aufkochen, mit dem Lorbeerblatt, den Pfefferkörnern und 1 Prise Salz bei schwacher Hitze 10 Minuten köcheln lassen.

2 Die Schweineschulter und die Leber von Sehnen und Knorpeln befreien und eventuell etwas zerkleinern. Den Schweinebauch in die Brühe geben und darin bei geschlossenem Deckel bei schwacher Hitze 1 Stunde garen. Die Schweineschulter weitere 15 Minuten mitgaren, zum Schluss die Leber dazugeben und nochmals 15 Minuten mitgaren.

3 Inzwischen die Zwiebel schälen und in kleine Würfel schneiden. Das Öl in einer kleinen Pfanne erhitzen die Zwiebel darin andünsten. Vom Herd nehmen und abkühlen lassen. Das Fleisch und die Leber aus der Brühe nehmen und leicht abkühlen lassen. Die Brühe in ein Sieb abgießen und auffangen.

4 Den Backofen auf 100 °C vorheizen. Das lauwarme Fleisch und die Leber in kleine Würfel schneiden und mit der Zwiebel durch den Fleischwolf drehen (kleine Lochscheibe, ca. 2 mm Durchmesser) oder portionsweise mit der Küchenmaschine zerkleinern. Die Kräuter im Mörser fein zerreiben und mit den Gewürzen und 1 TL Salz unter die Fleischmasse kneten. Gerade so viel Brühe unterarbeiten, dass die Masse cremig, eher schon leicht zähflüssig ist. Nochmals abschmecken, dann in saubere Bügel- oder Schraubgläser füllen und verschließen.

5 Den Backofen auf 90 °C (Umluft) vorheizen. Einen Bräter mit einem Küchentuch auslegen und die Gläser hineinstellen, ohne dass sie sich berühren. So viel heißes Wasser dazugießen, dass die Gläser zu zwei Dritteln im Wasser stehen. Im Ofen auf der unteren Schiene 1½ Stunden einkochen. Herausnehmen und bei Zimmertemperatur abkühlen lassen.

Kulinarische Evergreens

Suppen, Brühen und Saucen sind die feinen Basisprodukte, ohne die man in der guten Küche nicht auskommt. Hausgemacht sind sie am allerbesten.

RINDFLEISCHSUPPE: *kräfig & nahrhaft*

1 800 g Suppenfleisch vom Rind (z.B. Tafelspitz) in einer Pfanne in 1 EL Öl bei mittlerer Hitze rundum anbraten. In einem Topf 3 l Wasser aufkochen, das Fleisch hineinlegen, ggf. etwas Wasser nachgießen, bis das Fleisch gut bedeckt ist, und leicht mit Salz würzen.

2 Bei milder Hitze knapp unter dem Siedepunkt 3 Stunden mehr ziehen als köcheln lassen, bis das Fleisch weich ist. Den dabei aufsteigenden Schaum mit dem Schaumlöffel abnehmen.

3 Zwei Zwiebeln schälen und vierteln, 1 Tomate waschen, vierteln. 1 braunschalige Zwiebel ungeschält halbieren und die Schnittflächen in einer Pfanne ohne Fett bräunen. 120 g Knollensellerie, 1 Möhre und 1 Petersilienwurzel schälen. Das Gemüse nach 2 Stunden zur Suppe geben.

4 ½ Stange Lauch putzen, waschen, mit 1 Lorbeerblatt, 1 TL Pfefferkörnern und 3 Wacholderbeeren nach weiteren 30 Minuten dazugeben. 1 Scheibe Ingwer, ½ Knoblauchzehe, 2 Petersilienstiele, 2 Liebstöckelblätter und 1 Streifen Bio-Zitronenschale kurz hineinlegen.

5 Fleisch und Gemüse herausnehmen. Möhre, Petersilienwurzel und Sellerie als Suppeneinlage klein schneiden, Zwiebeln, Lauch und Tomate entfernen. Die Fleischbrühe durch ein mit einem sauberen Küchentuch ausgelegtes feines Sieb gießen. Mit Salz abschmecken.

6 Vom Suppenfleisch die fetten Fleischteile entfernen und einen Teil des Fleischs in kleine Stücke schneiden. Zusammen mit dem Gemüse wieder in Fleischbrühe legen und ggf. erwärmen. Das übrige Fleisch z.B. für einen Fleischsalat oder ein Gröstel verwenden.

GEMÜSEBRÜHPULVER: *bestens für den Vorrat*

1 Den Backofen auf 80 °C Umluft vorheizen und drei Backbleche mit Backpapier belegen. 2 Zwiebeln schälen und in feine Würfel schneiden. 250 g Lauch putzen, längs halbieren, gründlich waschen und klein schneiden. Je 300 g Möhren und Knollensellerie schälen und grob raspeln.

2 100 g Champignons putzen, falls nötig, trocken abreiben und grob zerkleinern. Zwiebeln, Lauch, Möhren, Sellerie, Champignons, 100 g grob gehackte Petersilie (Stiele und Blätter), 3 Stiele Liebstöckel und 4 in Scheiben geschnittene Knoblauchzehen mischen und gleichmäßig auf die Backbleche verteilen.

3 Die Gemüse-Kräuter-Mischung im Ofen 4 bis 6 Stunden trocknen lassen. Anschließend portionsweise im Blitzhacker zu feinem Pulver mahlen. Das gemahlene Trockengemüse mit 80 g Salz mischen und das Gemüsebrühpulver gut verschlossen aufbewahren. Es hält sich bei kühler Zimmertemperatur (z.B. Speisekammer) etwa 1 Jahr. Zur Herstellung einer Brühe auf ½ l Wasser 1 EL Gemüsebrühpulver geben, aufkochen, einige Minuten ziehen lassen und nach Belieben abseihen.

BRAUNE SAUCE: *immer griffbereit*

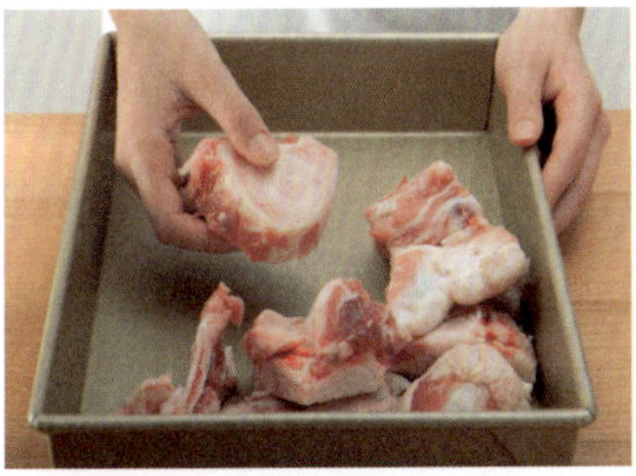

1 1½ kg Kalbsknochen klein hacken und im Backofen bei 220 °C etwa 45 Minuten bräunen. 1 TL Puderzucker in einem Topf bei mittlerer Hitze hell karamellisieren. 1 EL Tomatenmark unterrühren und kurz mitrösten.

2 Nach und nach 300 ml Rotwein angießen und einköcheln lassen. 400 g Gemüsewürfel (Zwiebel, Möhre, Knollensellerie) in 1 EL Öl andünsten. Mit den gebräunten Knochen in den Topf geben und mit so viel Fleischbrühe auffüllen, dass alles bedeckt ist. Leicht siedend etwa 2 Stunden ziehen lassen. Die Sauce durch ein Sieb gießen und in vorbereitete Gläser abfüllen. Verschließen und im Wasserbad im Backofen bei 200 °C 15 Minuten einkochen. Die Ofentür öffnen und die Gläser abkühlen lassen. In der Speisekammer hält sich die braune Sauce etwa 6 Monate.

Senfgurken mit Peperoni

ZUBEREITUNG // 30 min // 20 min

1 Die Einmachgläser samt Deckeln sterilisieren (siehe S. 118/119) und kopfüber auf einem sauberen Küchentuch abtropfen lassen.

2 Für den Sud den Essig mit ¾ l Wasser, dem Salz und dem Zucker in einem Topf erhitzen. Die Gurken waschen, trocken tupfen, mit der Gabel mehrmals einstechen und der Länge nach halbieren. Die Zwiebeln schälen, halbieren und in Scheiben schneiden. Die Peperoni waschen und mit den Gurken, den Zwiebeln und den Gewürzen in die vorbereiteten Gläser schichten.

3 Den Backofen auf 130 °C vorheizen. Ein tiefes Backblech mit einem Küchentuch auslegen, bis 2 cm unter den Rand mit Wasser befüllen und auf die unterste Schiene schieben.

4 Den heißen Sud über die Gurken gießen, die Gläser verschließen und in das Wasserbad stellen. Die Gurken im Ofen etwa 20 Minuten einkochen. Die Garzeit beginnt, wenn „Perlen“ in der Flüssigkeit entstehen. Die Gurkengläser herausnehmen, vollständig abkühlen lassen und kühl und dunkel lagern.

FÜR 6 GLÄSER (À 500 ML)

Für den Sud

¾ l Weißweinessig
3 EL Salz
100 g Zucker

Für die Gurken

1½–2 kg kleine Einlegegurken (gleich groß)
2–3 Zwiebeln
4–6 rote Peperoni
6 Sternanis
1 Vanilleschote (in 6 Stücken)
1 EL Wacholderbeeren
1 TL weiße Pfefferkörner
1 TL Pimentkörner
1 EL gelbe Senfkörner

FÜR 1 GLAS (500 ML)

700 g Hokkaido-Kürbis
150 ml Weißweinessig
50 ml Apfelessig
200 g Einmachzucker
6 g geschälter Ingwer
6 g geschälter Meerrettich
6 Pimentkörner
2 Lorbeerblätter
6 Gewürznelken

Kürbis süßsauer eingelegt

ZUBEREITUNG // 25 min // 55 min // 1 d

1 Am Vortag den Kürbis gut waschen und trocken reiben. Den Kürbis entkernen, 600 g Fruchtfleisch (mit Schale) abwiegen, in etwa 2 cm große Würfel schneiden und in eine Schüssel geben.

2 In einem Topf ¼ l Wasser mit Weißwein- und Apfelessig aufkochen und den Einmachzucker unter Rühren darin auflösen. Den Sud abkühlen lassen und über die Kürbiswürfel gießen. Den Kürbis zugedeckt kühl stellen und 1 Tag ziehen lassen.

3 Den Sud abgießen und erneut aufkochen. Ingwer und Meerrettich in feine Streifen schneiden. Beides mit den Pimentkörnern, den Lorbeerblättern, den Nelken und den Kürbiswürfeln in den kochenden Sud geben und 10 bis 12 Minuten darin ziehen lassen.

4 Den Backofen auf 95 °C vorheizen. Die Kürbiswürfel in das sterilisierte Glas (siehe S. 118/119) geben, dabei die Gewürze entfernen. Mit dem Sud auffüllen und das Glas verschließen.

5 Den süßsauren Kürbis im Ofen im Wasserbad 35 Minuten einkochen. Das Kompott 8 bis 10 Tage an einem dunklen und kühlen Ort ziehen lassen.

Erdbeerkonfitüre mit Orangenschale

FÜR 4 GLÄSER (À 350 ML)

1 kg Erdbeeren
1 Bio-Orange
1 Zitrone
500 g Gelierzucker (2:1)
1 Msp. Vanillemark

ZUBEREITUNG // 35 min

1 Die Einmachgläser samt Deckeln sterilisieren (siehe S. 118/119) und kopfüber auf einem sauberen Küchentuch abtropfen lassen.

2 Die Erdbeeren waschen, putzen und in Stücke schneiden. Die Orange heiß waschen, trocken reiben und die Hälfte der Schale fein abreiben. Die Orange halbieren und den Saft auspressen. Die Zitrone ebenfalls halbieren und den Saft auspressen. Die Erdbeeren in einen großen Topf geben, Orangensaft und -schale sowie Zitronensaft hinzufügen. Mit dem Stabmixer nach Belieben leicht stückig oder fein pürieren. Den Gelierzucker untermischen.

3 Die Erdbeer-Zucker-Mischung unter Rühren aufkochen, das Vanillemark hinzufügen und offen etwa 4 Minuten sprudelnd kochen lassen. Die Gelierprobe machen: etwas Fruchtmasse abnehmen und auf einen kalten Teller tropfen. Wenn die Masse noch nicht fest wird, kurz weiterkochen.

4 Die Erdbeerkonfitüre in die vorbereiteten Gläser füllen, gut verschließen und 10 Minuten auf den Kopf stellen. Wieder umdrehen und vollständig auskühlen lassen.

TIPP *Sie können die Orangenschale auch weglassen und den Orangensaft durch den Saft einer zweiten Zitrone ersetzen. Verfeinern Sie die Konfitüre dann doch einmal mit 3 cl Orangenlikör.*

ruck, zuck
fertig

Rumtopf aus hellen Früchten

FÜR EINEN RUMTOPF (2 L INHALT)

1 Bio-Orange
1 Bio-Zitrone
1 Vanilleschote
1 l weißer Rum
300 g brauner Zucker
5 cl Grand Marnier (Orangenlikör)
1 gelbfleischiger Pfirsich
1 weißfleischiger Pfirsich
2 Aprikosen
3 gelbe Pflaumen
2 Nektarinen
50 g Weiße Johannisbeeren

ZUBEREITUNG // 40 min // 21 d

1 Die Orange und die Zitrone heiß waschen und trocken reiben. Die Orangen- und die Zitroneschale in einem Stück dünn abschneiden und in breite Streifen schneiden, Orange beiseitelegen. Die Vanilleschote längs aufschneiden und das Mark herauskratzen.

2 Zitrusstreifen mit Vanillemark und -stange und Rum in einem großen Topf aufkochen. Den Zucker unter Rühren darin auflösen, den Grand Marnier hinzufügen und den Sud abkühlen lassen.

3 Die Orange so großzügig schälen, dass auch die weiße Haut mit entfernt wird. Die Orangenfilets aus den Trennhäuten lösen und 140 g abwiegen. Die restlichen Früchte waschen und gut abtropfen lassen. Die Pfirsiche kreuzweise einritzen, kurz in kochendes Wasser tauchen und häuten. Die Pfirsiche, die Aprikosen, die Pflaumen und die Nektarinen vierteln und dabei entsteinen, die Johannisbeeren von den Rispen streifen.

4 Die Früchte in vorbereitete Gläser oder ein Rumtopfgefäß einschichten und mit dem Rumsud auffüllen. Die Früchte müssen vollständig mit Flüssigkeit bedeckt sein, falls nötig, noch etwas Rum nachgießen. Den Rumtopf zugedeckt 2 bis 3 Wochen ziehen lassen, dabei gelegentlich mit einem Löffel aus Metall umrühren.

TIPP *Diesen Rumtopf können Sie auch mit Ananas, Stachelbeeren oder Birnen zubereiten. In kleinen Gläsern hübsch verpackt, ist er ein willkommenes Gastgeschenk.*

Mein Lieblingsrezept für...
einen hausgemachten Klassiker

WALNUSSLIKÖR

FÜR 1 L // ⌚ 30 min // 💧 28 d

1 *250 g gehackte Walnüsse* in einer beschichteten Pfanne ohne Fett anrösten, abkühlen lassen und in ein großes Weckglas geben. Mit *350 ml braunem Rum* und *150 ml Wodka* übergießen. Das Glas gut verschließen und an einem kühlen, dunklen Ort 4 Wochen ziehen lassen.

2 Eine oder mehrere kleine Bügel- oder Schraubflaschen sterilisieren (siehe S. 118/119) und kopfüber auf einem sauberen Küchentuch abtropfen lassen.

3 *1 Vanilleschote* längs aufschneiden und das Mark herauskratzen. *125 g braunen Kandiszucker, 6 EL Ahornsirup* und *350 ml Wasser* in einem Topf unter Rühren erhitzen, bis sich der Zucker aufgelöst hat. Beiseitestellen und abkühlen lassen.

4 Die angesetzten Walnüsse durch ein sauberes Mull- bzw. Küchentuch abgießen.

5 Den aromatisierten Alkohol mit dem Zuckersirup mischen und mit der Vanilleschote in die Flasche(n) abfüllen.

das ist
richtig
lecker!

Kletzenbrot mit Butter

FÜR 1 BROT BZW. FÜR 10–12 SCHEIBEN

350 g Roggenmehl
200 g Kletzen (Dörrbirnen)
50 g Backpflaumen
50 g getrocknete Feigen
50 g Rosinen
6 cl Rum
250 g Weizenmehl
1 Würfel Hefe (42 g)
Salz
je 1 Msp. Nelkenpulver, Pimentpulver, geriebene Muskatnuss, Kardamompulver
½ TL Zimtpulver
2 EL Honig
70 g ganze Haselnusskerne
70 g ganze blanchierte Mandeln
Mehl für die Arbeitsfläche

ZUBEREITUNG // 1 h // 1 h 10 min // 2 d 2 h

1 Für den Sauerteig 120 ml Wasser und 50 g Roggenmehl verrühren und 1 bis 2 Tage an einem warmen Ort gehen lassen.

2 Die Kletzen über Nacht in einem Topf mit Wasser bedeckt einweichen. Am nächsten Tag im Einweichwasser aufkochen und 25 Minuten kochen lassen. In ein Sieb abgießen, abkühlen lassen und die Kletzen in Würfel schneiden. Weitere 50 g Roggenmehl unter den Sauerteig rühren und nochmals etwa 1 Stunde gehen lassen.

3 Backpflaumen und Feigen ebenfalls in Würfel schneiden, in einer Schüssel mit den Rosinen und dem Rum mischen und ziehen lassen.

4 Das restliche Roggen- und das Weizenmehl in eine Schüssel sieben, mit dem Sauerteig, der Hefe, 1 TL Salz, den Gewürzen, dem Honig und 400 ml Wasser zu einem glatten Teig verkneten. An einem warmen Ort zugedeckt 1 Stunde gehen lassen.

5 Kletzen, eingeweichte Trockenfrüchte und die Nüsse unter etwas mehr als die Hälfte des Teiges kneten und einen länglichen Laib daraus formen. Den restlichen Teig auf der bemehlten Arbeitsfläche dünn ausrollen, den Laib darin einschlagen und das Kletzenbrot nochmals 30 Minuten gehen lassen. Den Backofen auf 180 °C vorheizen.

6 Den Laib mit Wasser bestreichen, die Oberfläche mehrmals einstechen und das Kletzenbrot im Ofen auf der mittleren Schiene 60 bis 70 Minuten backen. Herausnehmen, abkühlen lassen, in Scheiben schneiden und nach Belieben mit Butter servieren.

TIPP *Wer Wartezeit sparen möchte, verwendet 200 g gekauften Fertigsauerteig sowie jeweils weitere 250 g Roggen- und Weizenmehl für den Teig.*

Christstollen mit Rumrosinen

FÜR 2 STOLLEN

250 g Mandeln
je 150 g Orangeat und Zitronat
350 g Rosinen
50 ml Rum · 1 kg Mehl
80 g Hefe · 180 g Zucker
½ l lauwarme Milch
400 g weiche Butter · Salz
Mehl für die Arbeitsfläche
125 g zerlassene Butter
4 EL Zucker
1 Päckchen Vanillezucker
150 g Puderzucker

ZUBEREITUNG // ⌚ 1 h // 1 h // 1 h 45 min

1 Die Mandeln in einer Schüssel mit kochendem Wasser übergießen und ein paar Minuten quellen lassen. Dann die Mandeln aus den Häutchen drücken.

2 Das Orangeat und Zitronat in sehr feine Würfel schneiden. Die Rosinen mit dem Rum mischen. Das Mehl in eine Schüssel geben. In die Mitte zerbröckelte Hefe, 1 TL Zucker und 125 ml Milch geben. Die Hefe mit Zucker, etwas Mehl und der Milch verrühren und zugedeckt 15 Minuten gehen lassen.

3 Die Butter, den restlichen Zucker, 1 Prise Salz und die übrige Milch zum Vorteig geben. Alles mit den Knethaken des Handrührgeräts bzw. in der Küchenmaschine zu einem glatten Teig verkneten. Orangeat, Zitronat, Rosinen und Mandeln unterkneten und den Teig 1 Stunde gehen lassen.

4 Ein Backblech mit Backpapier belegen. Den Teig halbieren, auf der bemehlten Arbeitsfläche etwas ausrollen, zu Stollen formen und auf das Blech legen. Mit warmem Wasser bestreichen und 30 Minuten gehen lassen.

5 Den Backofen auf 200 °C vorheizen. Die Stollen im Ofen auf der mittleren Schiene etwa 1 Stunde backen (Stäbchenprobe!).

6 Die Stollen noch warm mit der zerlassenen Butter bestreichen und mit Zucker und Vanillezucker bestreuen. Dann dick mit Puderzucker bestäuben.

TIPP *Damit Zitronat und Orangeat beim Schneiden nicht am Messer kleben bleiben, beträufeln Sie die Klinge zwischendurch mit etwas Orangenlikör oder Rum.*

FRISCH GEMACHT

Hefezopf mit Zitronenaroma

FÜR 1 ZOPF

500 g Mehl
30 g Hefe
¼ l lauwarme Milch
60 g Zucker
60 g zerlassene Butter
2 Eier
abgeriebene Schale von ½ Bio-Zitrone
1 Msp. Salz
Mehl für die Arbeitsfläche
1 Eigelb zum Bestreichen

ZUBEREITUNG // 35 min // 30 min // 1 h

1 Das Mehl in eine Schüssel sieben, in die Mitte eine Mulde drücken und die Hefe hineinbröckeln. Die lauwarme Milch und 1 Prise Zucker dazugeben und mit der Hefe zu einem Vorteig verrühren. Eine dünne Schicht Mehl über den Vorteig stäuben und an einem warmen Ort 15 Minuten gehen lassen.

2 Der Vorteig sollte nach dem Gehen deutliche Risse an der Oberfläche haben. Die Butter sowie übrigen Zucker, Eier, Zitronenschale und Salz zum Vorteig geben und alles verkneten. Wenn der Teig glatt und geschmeidig ist, zugedeckt an einem warmen Ort weitere 30 Minuten gehen lassen.

3 Ein Backblech mit Backpapier belegen. Den Teig in drei Stücke teilen, diese zu Rollen formen und nebeneinander auf die bemehlte Arbeitsfläche legen. Von der Mitte aus einen Zopf flechten. Die andere Seite fertig flechten und den Hefezopf auf das Blech legen. Den Zopf zugedeckt 15 Minuten gehen lassen.

4 Den Backofen auf 180 °C vorheizen. Das Eigelb mit 1 EL Wasser verrühren, den Hefezopf damit bestreichen und im Ofen auf der mittleren Schiene 30 Minuten backen.

TIPP *Sie können den Zopf variieren, indem sie in der lauwarmen Milch 1 EL Lebkuchengewürz oder Zimtpulver auflösen. Alternativ kann man getrocknete Früchte wie Cranberrys, Aprikosen oder Mango in kleine Würfel schneiden und unter den Teig kneten.*

Windbeutel mit Sahne und Himbeeren

ZUBEREITUNG // 45 min // 20 min

1 In einem Topf ½ l Wasser mit Butter und Salz aufkochen. Das gesiebte Mehl auf einmal dazugeben und alle Zutaten mit dem Kochlöffel zu einem Kloß verrühren.

2 So lange rühren, bis sich der Teigkloß vom Topf löst und am Boden eine weiße Schicht entsteht.

3 Den Teig in eine Schüssel geben und nacheinander die Eier jeweils vollständig unterrühren. So viele Eier dazugeben, bis der Teig cremig ist. Den Backofen auf 220 °C vorheizen und ein Backblech mit Backpapier belegen.

4 Den Brandteig in einen Spritzbeutel mit großer Sterntülle füllen und große Teigrosetten mit reichlich Abstand auf das Blech spritzen. Im Ofen auf der mittleren Schiene 15 bis 20 Minuten backen. Auf einem Kuchengitter etwas abkühlen lassen und quer halbieren.

5 Die Sahne mit dem Zucker steif schlagen und auf die unteren Hälften spritzen, die gewaschenen Himbeeren daraufsetzen und den „Deckel" auflegen. Mit Puderzucker bestäuben und möglichst bald servieren.

FÜR 4 PERSONEN

Für den Brandteig

100 g Butter
1 Msp. Salz
250 g Mehl
5–6 Eier

Für die Füllung

250 g Sahne
2 EL Zucker
250 g Himbeeren

Außerdem

Puderzucker zum Bestäuben

FÜR 4 PERSONEN

45 g Speisestärke
75 g Zucker
1 Eigelb
½ l Milch
60 g Bitterschokolade
Salz

Schokoladenpudding

ZUBEREITUNG // 20 min

1 Die Stärke mit dem Zucker, dem Eigelb und etwas kalter Milch in einer Tasse verrühren.

2 Die Bitterschokolade grob hacken. Die Milch mit 1 Prise Salz in einem Topf erhitzen und die Schokolade darin unter Rühren schmelzen. Die Schokoladenmilch aufkochen und vom Herd nehmen.

3 Die angerührte Stärkemischung mit dem Schneebesen einrühren und unter Rühren einmal aufkochen lassen.

4 Den Schokoladenpudding in kalt ausgespülte Gläser füllen, etwas abkühlen lassen und in den Kühlschrank stellen. Nach Belieben mit Vanillesauce oder Schlagsahne servieren.

Tipps: Wer keine Haut auf dem Pudding mag, deckt den Pudding in den Gläsern direkt mit Frischhaltefolie ab. Für einen weißen Pudding verwenden Sie anstelle der Bitterschokolade 100 g Weiße Schokolade.

Aprikosen-Brioches

FÜR 10 STÜCK

Für den Hefeteig

375 g Mehl

45 g Zucker

1 Msp. Salz

20 g frische Hefe

1 Msp. Vanillemark

1 Msp. abgeriebene Bio-Zitronenschale

110 ml Milch · 1 Ei

75 g weiche Butter

5 kleine Aprikosen

Außerdem

Butter und Mehl für die Form

Milch und flüssige Butter zum Bestreichen

Zimtzucker zum Bestreuen

ZUBEREITUNG // 35 min // 20 min // 45 min

1 Für den Hefeteig das Mehl, den Zucker, das Salz und die zerbröckelte Hefe in eine Schüssel geben. Das Vanillemark und die Zitronenschale hinzufügen. Die Milch leicht erwärmen und mit dem Ei dazugeben. Alles mit den Knethaken des Handrührgeräts zu einem glatten Teig verarbeiten, dabei die weiche Butter nach und nach unterkneten. Den Hefeteig mit Frischhaltefolie zugedeckt an einem warmen Ort 15 Minuten gehen lassen.

2 Die Vertiefungen einer Muffinform einfetten und mit Mehl bestäuben oder Papierförmchen hineinsetzen. Die Aprikosen waschen, halbieren und entsteinen. Vom Hefeteig 600 g abwiegen und in 10 Portionen (à etwa 60 g) teilen. Den restlichen Teig ebenfalls in 10 Portionen (à etwa 10 g) teilen. Die Teigportionen zu Kugeln formen und die großen Kugeln flach in die Vertiefungen der Muffinform drücken. Mit einem Kochlöffelstiel jeweils eine 2 cm breite Vertiefung hineindrücken und je 1 Aprikosenhälfte hineinlegen. Leicht mit etwas Wasser bestreichen, die kleinen Teigkugeln darauflegen und andrücken.

3 Die Brioches zugedeckt an einem warmen Ort 30 Minuten gehen lassen. Den Backofen auf 180 °C vorheizen. Die Brioches mit etwas Milch bestreichen und im Ofen auf der mittleren Schiene 20 Minuten goldbraun backen.

4 Die Brioches aus dem Ofen nehmen, mit der flüssigen Butter bestreichen und mit dem Zimtzucker bestreuen. Nach Belieben zum Servieren mit etwas Puderzucker bestäuben.

TIPPS *Für den Zimtzucker 5 EL Zucker mit 1/2 TL Zimtpulver mischen und die Mischung in einem Schraubglas aufbewahren. Die Aprikosen kann man im Herbst durch Zwetschgen ersetzen oder die Brioches einfach pur ohne Fruchtfüllung backen.*

das sind
unsere
Lieblinge

Süße Hörnchen mit Mohn-Apfel-Füllung

ZUBEREITUNG // 30 min // 15 min

1 Den Backofen auf 200 °C vorheizen und ein Backblech mit Backpapier belegen.

2 Den Apfel schälen, vierteln und das Kerngehäuse entfernen. Die Apfelviertel in kleine Würfel schneiden. Die Butter in einem kleinen Topf erhitzen und die Apfelwürfel mit dem Zucker und dem Zitronensaft darin etwa 3 Minuten dünsten. Vom Herd nehmen, abkühlen lassen und den gemahlenen Mohn untermischen.

3 Die Croissant-Teigdreiecke nebeneinander auf der Arbeitsfläche auslegen und die Apfel-Mohn-Masse mit jeweils 2 cm Abstand zum Rand auf den Teig streichen. Die Teigdreiecke zur Spitze hin zu Hörnchen aufrollen.

4 Die Hörnchen auf das Backblech setzen und im Backofen auf der mittleren Schiene etwa 15 Minuten goldbraun backen. Herausnehmen, sofort mit Vanille- oder Puderzucker bestäuben und noch lauwarm servieren.

FÜR 6 STÜCK

1 säuerlicher Apfel (z.B. Boskop)
1 EL Butter
2 TL Zucker
2 EL Zitronensaft
80 g gemahlener Mohn
1 Packung Croissant-Teig (für 6 Stück; ca. 250 g, aus dem Kühlregal)
Vanillezucker zum Bestreuen

FÜR 12–14 BRÖTCHEN

1 Würfel Hefe (42 g)
¼ l lauwarme Milch
250 g Mehl (Type 405)
250 g Weizenvollkornmehl
50 g brauner Zucker
50 g Honig
100 g weiche Butter
80 g Rosinen
Mehl für die Arbeitsfläche
Puderzucker zum Bestäuben

Rosinenbrötchen

ZUBEREITUNG // 40 min // 15 min // 1 h 20 min

1 Die Hefe zerbröckeln und mit der lauwarmen Milch verrühren. Das Mehl in einer Schüssel mit der angerührten Hefe, Zucker, Honig und der weichen Butter zu einem glatten geschmeidigen Teig verkneten. Falls nötig, noch etwas Mehl oder Milch zufügen.

2 Die Rosinen unterkneten und den Teig mit einem Tuch bedeckt an einem warmen Ort etwa 1 Stunde gehen lassen, bis sich sein Volumen in etwa verdoppelt hat.

3 Ein Backblech mit Backpapier belegen. Den Teig auf der bemehlten Arbeitsfläche zu einer Rolle formen und in 12 bis 14 gleich große Portionen teilen. Diese jeweils von Hand zu runden Brötchen formen, auf das Backblech setzen und nochmals etwa 20 Minuten ruhen lassen.

4 Den Backofen auf 220 °C vorheizen. Die Brötchen über Kreuz einritzen, mit Puderzucker bestäuben und im Ofen auf der mittleren Schiene etwa 15 Minuten goldbraun backen. Herausnehmen und auf einem Kuchengitter lauwarm abkühlen lassen. Am besten noch warm mit etwas Butter bestrichen servieren.

Mein Lieblingsrezept für...

frisch Gemachtes

SAFTIGES KÖRNERBROT OHNE MEHL

FÜR 1 KASTENBROT

20 min // 50 min // 12 h

1 *135 g Sonnenblumenkerne, 90 g ganze Haselnusskerne* und *150 g kernige Haferflocken* in einer Pfanne ohne Fett anrösten.

2 Die gerösteten Zutaten in einer Schüssel mit *2 EL Leinsamen, 2 EL Chiasamen, 4 EL Flohsamen* und *1 EL Meersalz* gut mischen. Dann mit *1 EL Honig* oder *Ahornsirup, 3 EL Kokosöl* und *350 ml Wasser* gut verrühren.

3 Eine Kastenbrotform (ca. 22 cm lang) mit Backpapier auslegen, den Teig darin gleichmäßig verteilen und gut andrücken. Den Teig zugedeckt über Nacht im Kühlschrank ruhen lassen.

4 Am nächsten Tag den Backofen auf 175 °C vorheizen. Das Brot 20 Minuten anbacken, aus der Form stürzen und auf einem mit Backpapier belegten Backblech weitere 30 Minuten backen.

5 Das Brot herausnehmen und vollständig auskühlen lassen. Vor dem Servieren in etwa 1 cm dicke Scheiben schneiden.

Kartoffelbrötchen
mit Rosmarin

FÜR 12 BRÖTCHEN

Für den Vorteig

10 g Hefe
1 TL Zucker
100 g Weizenmehl (Type 1050)

Für den Teig

500 g mehligkochende Kartoffeln
Salz
½ Würfel Hefe (21 g)
125 ml lauwarme Milch
125 g Weizenmehl (Type 1050)
125 g italienisches Weizenmehl (Type 00, Pizzamehl, ersatzweise Type 1050)
50 g Hartweizengrieß
frisch geriebene Muskatnuss
2 EL Olivenöl
3 Zweige Rosmarin
1 große Knoblauchzehe

Außerdem

Mehl zum Verarbeiten

ZUBEREITUNG // 1 h 10 min // 1 h // 14 h 30 min

1 Am Vortag für den Vorteig Hefe, Zucker, 125 ml lauwarmes Wasser und Mehl verrühren. Die Schüssel mit einem an einer Seite eingeschnittenen Gefrierbeutel abdecken und den Vorteig bei Zimmertemperatur 12 Stunden (über Nacht) gehen lassen.

2 Am nächsten Tag Kartoffeln waschen, in reichlich Salzwasser 20 bis 25 Minuten garen. Abgießen, ausdampfen lassen und pellen. Die Hälfte der Kartoffeln in 1½ cm große Würfel schneiden, die andere Hälfte durch die Kartoffelpresse drücken.

3 Für den Teig die Hefe in eine Rührschüssel zerbröckeln, mit 50 ml lauwarmer Milch verrühren und 10 Minuten gehen lassen. Beide Mehlsorten, Grieß und 3 kräftige Prisen Muskatnuss mischen. Auf den Hefeansatz geben, darüber den Vorteig, 1 TL Salz, die restliche Milch und 1 EL Olivenöl. Alles mit den Knethaken des Handrührgeräts 4 Minuten auf niedriger, dann 6 Minuten auf hoher Stufe kneten. Den Teig zu einer Kugel formen und in einer bemehlten Schüssel zugedeckt 30 Minuten gehen lassen.

4 Inzwischen den Rosmarin waschen, trocken tupfen, die Nadeln abzupfen und grob hacken. Den Knoblauch schälen und in dicke Scheiben schneiden. Das übrige Olivenöl erhitzen, darin Knoblauch, Kartoffelwürfel und Rosmarin bei mittlerer Hitze leicht braun braten. Vom Herd nehmen, Knoblauch entfernen.

5 Die durchgepressten Kartoffeln zügig und mit wenig Druck unter den Teig kneten, ebenso die lauwarm abgekühlten Rosmarinkartoffeln. Zugedeckt 1 Stunde gehen lassen. Den Teig zu 12 Brötchen formen und diese auf zwei mit Backpapier belegte Backbleche setzen. Zugedeckt nochmals 1 Stunde gehen lassen.

6 Inzwischen den Backofen auf 210 °C vorheizen, dabei ein mit Wasser gefülltes, tiefes Backblech miterhitzen. Sobald die Backtemperatur erreicht ist, das Blech herausnehmen. Die Brötchen nacheinander im Ofen auf der mittleren Schiene 10 Minuten backen. Die Backofentemperatur auf 190 °C reduzieren, die Brötchen weitere 15 bis 20 Minuten knusprig backen.

das ist
wie
Urlaub

Knusprige Grissini mit Mohn

ZUBEREITUNG // 30 min // 10 min // 1 h 10 min

1 Die Hefe zerbröckeln und in 200 ml lauwarmem Wasser auflösen. Das Mehl in eine große Schüssel geben und eine Mulde hineindrücken. Die aufgelöste Hefe hineingießen und den Agavendicksaft dazugeben. Mit etwas Mehl zu einem dünnen Brei anrühren und zugedeckt an einem warmen Ort 10 Minuten gehen lassen.

2 Anschließend das Olivenöl und 1 TL Salz dazugeben, mit dem Vorteig und dem restlichen Mehl zu einem glatten Teig verkneten. Den Teig in der Schüssel mit Frischhaltefolie zugedeckt an einem warmen Ort etwa 1 Stunde gehen lassen.

3 Backofen auf 230 °C Umluft vorheizen, zwei Bleche mit Backpapier belegen. Teig auf der bemehlten Arbeitsfläche durchkneten und zu zwei langen Rollen formen. Jede Rolle in etwa 30 Stücke teilen und jedes Stück zu einer 15 cm langen, dünnen Rolle formen. Die Grissini mit dem Mohn bestreuen und 2- bis 3-mal in sich verdrehen. Auf den Backblechen verteilen und im Ofen auf der mittleren Schiene 8 bis 10 Minuten goldbraun backen. Statt Mohn können auch getrocknete Kräuter oder Sesam verwendet werden.

FÜR 4 PERSONEN

½ Würfel Hefe (21 g)
400 g Weizenmehl (Type 550)
1 TL Agavendicksaft
2 EL Olivenöl
Salz
Mehl für die Arbeitsfläche
2–3 EL Mohn

FÜR CA. 15 STÜCK

½ Würfel Hefe (21 g)
250 g Dinkelvollkornmehl
250 g Weizenmehl
1 TL gemahlener Kümmel
Salz
150 g Natursauerteig
(z.B. aus dem Reformhaus)
Mehl zum Verarbeiten

Kleine Dinkelbrote mit Kümmel

ZUBEREITUNG // 25 min // 25 min // 1 h

1 Die Hefe zerbröckeln und in etwa 50 ml lauwarmem Wasser auflösen. Beide Mehlsorten mit dem Kümmel in einer Schüssel mischen und eine Mulde hineindrücken. Die aufgelöste Hefe in die Mulde gießen. Den Vorteig in der Schüssel zugedeckt an einem warmen Ort etwa 30 Minuten gehen lassen.

2 Anschließend 1 TL Salz, den Sauerteig und etwa 350 ml lauwarmes Wasser hinzufügen und verkneten, bis sich der Teig vom Schüsselrand löst. Den Teig in der Schüssel zugedeckt weitere 30 Minuten gehen lassen.

3 Den Backofen auf 200 °C vorheizen. Den Teig auf der bemehlten Arbeitsfläche mit den Händen nochmals gut durchkneten, in etwa 15 Stücke teilen und portionsweise zu Kugeln formen. Die Teigkugeln auf ein mit Backpapier belegtes Backblech legen.

4 Mit dem Messer ein Karomuster hineinritzen und die Brote im Ofen auf der mittleren Schiene 25 Minuten goldbraun backen. Wenn Sie möchten, können Sie auch 100 g Röstzwiebeln oder 100 g getrocknete Tomaten statt des Kümmels unter den Teig kneten.

Laugenbrezeln mit grobem Salz

FÜR 10 STÜCK

½ Würfel Hefe (21 g)
500 g Weizenmehl (Type 550)
160 ml lauwarme Milch
40 g weiche Butter
1 EL Salz
½ TL Zucker
4 %ige Natronlauge (aus der Apotheke)
grobes Salz

ZUBEREITUNG // 1 h // 15 min // 13 h

1 Am Vortag 2 g Hefe zerbröckeln und in 100 ml lauwarmem Wasser auflösen. 100 g Mehl hinzufügen und alles zu einem glatten Vorteig verrühren. Den Vorteig zugedeckt im Kühlschrank über Nacht ruhen lassen.

2 Am nächsten Tag das restliche Mehl in eine Schüssel geben und eine Vertiefung hineindrücken. Die restliche Hefe zerbröckeln, dazugeben und mit etwas lauwarmer Milch verrühren. Weiche Butter, Salz, Zucker, Vorteig und übrige Milch hinzufügen und mit den Knethaken des Handrührgeräts oder in der Küchenmaschine kräftig verkneten, bis sich der Teig vom Schüsselrand löst. Den Teig zugedeckt an einem warmen Ort 10 bis 15 Minuten ruhen lassen.

3 Den Teig nochmals durchkneten, in 10 Portionen teilen und weitere 5 Minuten zugedeckt ruhen lassen. Jeweils mit den Händen zu etwa 50 cm langen Strängen ausrollen, die in der Mitte etwas dicker sind und zu den Enden immer dünner werden. Die Stränge jeweils zu Brezeln formen (siehe S. 67), die Enden andrücken und die Teiglinge etwa 30 Minuten zugedeckt ruhen lassen.

4 Den Backofen auf 240 °C vorheizen. Das Tuch entfernen und die Oberfläche der Teiglinge etwa 10 Minuten antrocknen lassen. Ein Backblech mit Backpapier belegen. Die Brezeln mit dem Schaumlöffel in die Natronlauge tauchen, auf das Backblech setzen, an der dicksten Stelle mit einem kleinen scharfen Messer längs einschneiden und mit grobem Salz bestreuen. Dabei unbedingt Einweghandschuhe tragen!

5 Die Brezeln auf der mittleren Schiene 12 bis 15 Minuten goldbraun backen. Die Brezeln herausnehmen und auf einem Kuchengitter auskühlen lassen.

Dauerbrenner

Herrlich frisch

Mit selbst gemachtem Joghurt, knusprigen Brezeln direkt aus dem Ofen und heißen, selbst gemachten Pommes wird der ganz normale Alltag zum Festtag ...

JOGHURT: *cremig selbst gemacht*

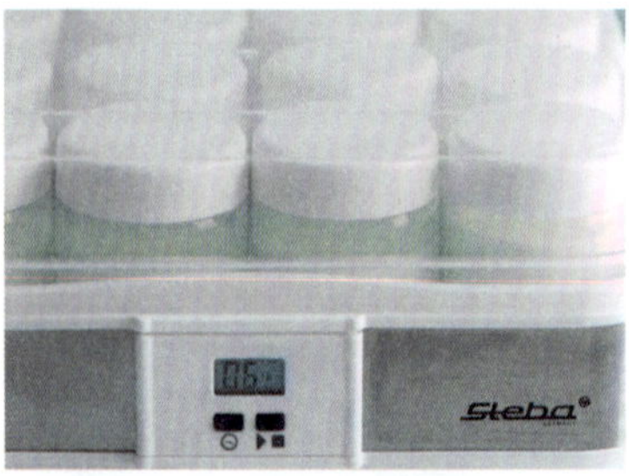

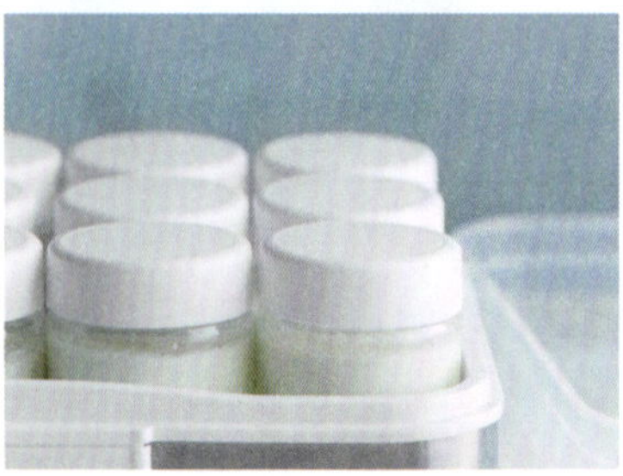

1 In einem Topf 1 l haltbare Milch (1,5 oder 3,5 % Fett) in einem Topf handwarm erwärmen. Am besten mit einem Küchenthermometer überprüfen, ob die Milch eine Temperatur von etwa 35 °C hat.

2 Mit dem Schneebesen 2 EL Naturjoghurt mit lebenden Kulturen (der gleichen Fettstufe wie die Milch) mit dem Schneebesen unterrühren. Alternativ kann man auch gefriergetrocknete Bakterienkulturen verwenden. Dabei die Dosierung des Herstellers beachten.

3 Die Mischung in die sterilisierten Gläser (siehe S. 118/119) eines Joghurtbereiters füllen und verschließen. Gläser in den Joghurtbereiter stellen. Das Gerät verschließen und den Joghurt je nach gewünschtem Säuregrad und Angaben des Herstellers 8 bis 14 Stunden fermentieren lassen. Während dieser Zeit darf das Gerät nicht bewegt werden, da der Joghurt sonst flüssig bleibt.

4 Nach Ablauf der Fermentierungszeit den Joghurt in den Kühlschrank stellen und 1 Tag reifen lassen. Er hält sich etwa 1 Woche.

Tipps: Man kann die beimpfte Milch auch in Gläser füllen und 8 bis 14 Stunden in einer Thermobox fermentieren lassen. Rohmilch muss vor der Verwendung abgekocht werden, um mögliche unerwünschte Keime abzutöten. Statt Kuhmilch können Sie auch Soja-, Ziegen- oder Schafsmilch verarbeiten.

LAUGENBREZEL: mit dem richtigen Dreh

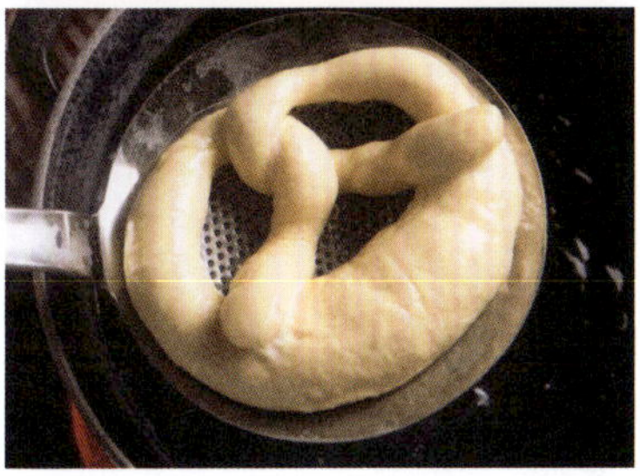

1 Den Teig wie auf S. 64/65 beschrieben zubereiten und gehen lassen. Den Teig nochmals durchkneten, in 10 Portionen teilen und weitere 5 Minuten zugedeckt ruhen lassen. Jeweils mit den Händen zu etwa 50 cm langen Strängen ausrollen, die in der Mitte etwas dicker sind und zu den Enden immer dünner werden.

2 Die Stränge an den Enden fassen, einmal verschlingen und zu Brezeln formen, die Enden andrücken und die Teiglinge etwa 30 Minuten zugedeckt ruhen lassen.

3 Das Tuch entfernen und die Oberfläche der Teiglinge etwa 10 Minuten antrocknen lassen. Die Brezeln mit dem Schaumlöffel in die vorbereitete Natronlauge tauchen, abtropfen lassen und auf das Backblech setzen. Dabei unbedingt Einweghandschuhe tragen!

POMMES FRITES: heiß & fettig

1 Eine Schüssel mit kaltem Wasser bereitstellen. 2 kg große mehligkochende Kartoffeln waschen, schälen, in 1 cm breite Stäbchen schneiden und bis zum Gebrauch in kaltes Wasser legen. Dann in ein Sieb abgießen.

2 Die Kartoffeln in kochendem Salzwasser etwa 5 Minuten garen, vorsichtig abgießen und abtropfen lassen. Auf Küchentüchern ausbreiten und trocken tupfen.

3 Das Frittierfett auf 170 bis 180 °C erhitzen, die Kartoffelstäbchen darin etwa 3 Minuten ausbacken. Herausheben und auf Küchenpapier abtropfen lassen. 2 EL Salz mit 1 TL Currypulver, 1 TL Paprikapulver und ½ TL Chiliflocken mischen und die Pommes frites damit würzen.

Kartoffelchips selbst gemacht

ZUBEREITUNG // ⌚ 10 min // 15 min

1 Die Kartoffeln mit der Schale gründlich waschen und in dünne Scheiben schneiden oder hobeln. Nochmals waschen und auf Küchenpapier abtropfen lassen.

2 Das Öl in einem großen Topf erhitzen. Es ist heiß genug, wenn sich an einem hineingehaltenen Holzlöffelstiel Blasen bilden.

3 Die Kartoffelscheiben portionsweise im heißen Öl goldbraun frittieren. Mit dem Schaumlöffel herausnehmen, auf Küchenpapier abtropfen lassen und mit Salz und Pfeffer würzen.

Tipp: Genauso lassen sich Chips aus Roten Beten, Pastinaken, Petersilienwurzeln oder Süßkartoffeln herstellen.

FÜR 4 PERSONEN

500 g festkochende Kartoffeln
2 l Öl zum Frittieren
Salz
Pfeffer aus der Mühle

FÜR 10 STÜCK

10 Eier
3 EL Salz
10 weiße Pfefferkörner
5 Wacholderbeeren
2 Lorbeerblätter
2 Gewürznelken

Soleier ganz klassisch

ZUBEREITUNG // 15 min // 8 d

1 Die Eier in einen Topf mit kaltem Wasser geben und bei mittlerer Hitze aufkochen. Die Eier 8 bis 10 Minuten kochen lassen, abgießen und sofort kalt abschrecken. Vollständig abkühlen lassen.

2 Für den Sud 1½ l Wasser mit dem Salz und den Gewürzen aufkochen, beiseitestellen und etwas abkühlen lassen.

3 Die Eier rundum etwas anschlagen (aber nicht schälen) und in ein großes Schraubglas geben. Den Sud darübergießen (er sollte etwa 2 cm über den Eiern stehen), das Glas verschließen und die Eier im Kühlschrank 8 Tage reifen lassen.

Tipp: Man kann die Eier auch in schwarzen Tee mit Sojasauce einlegen, dabei bekommen sie eine besonders schöne Marmorierung.

Kräuterfrischkäse

FÜR 4 PERSONEN

3 EL Kräuterblätter (z.B. Basilikum, Kerbel, Petersilie, Schnittlauch)
200 g Frischkäse
2 EL lauwarme Gemüsebrühe
je 1 Msp. geriebener Knoblauch, Ingwer und abgeriebene Bio-Zitronenschale
Chilisalz

ZUBEREITUNG // 10 min

1 Die Kräuterblätter waschen, trocken tupfen und fein schneiden. Den Frischkäse mit den Kräutern und der Brühe glatt rühren.

2 Den Knoblauch und Ingwer sowie die Zitronenschale untermischen und den Kräuterfrischkäse mit Chilisalz würzen. Der Kräuterfrischkäse schmeckt als Aufstrich zu allen Brotsorten, zu Brezeln oder Kräckern. Außerdem kann man damit Nudelgerichte, Suppen und Eintöpfe raffiniert abschmecken.

Eingelegter Käse mit Kürbis und Rosinen

FÜR 4 PERSONEN

1 kleine rote Zwiebel (oder 2 Frühlingszwiebeln)
400 g Bergkäse (am Stück)
80 g eingelegter Kürbis
2 EL Apfelessig
Salz · Pfeffer aus der Mühle
Zucker
Chiliflocken
1 EL Rosinen · 1 EL Öl
einige Tropfen Nussöl
2 EL grob gehackte Walnüsse
1 EL Schnittlauchröllchen

ZUBEREITUNG // 15 min // 2 h

1 Die Zwiebel schälen und in feine Würfel schneiden (Frühlingszwiebeln putzen, waschen und in feine Ringe schneiden). Den Käse zuerst in ½ cm dicke Scheiben und dann in mundgerechte Stücke schneiden. Den Kürbis abtropfen lassen und gegebenenfalls klein schneiden.

2 Für die Marinade 80 ml Wasser mit dem Essig mischen und mit Salz, Pfeffer und je 1 Prise Zucker und Chiliflocken würzen.

3 Die Zwiebel, den Käse, den Kürbis und die Rosinen in einer Schüssel mit der Marinade mischen und etwa 2 Stunden ziehen lassen – dann schmeckt er am besten.

4 Zum Servieren den eingelegten Käse auf Teller verteilen, mit beiden Ölsorten beträufeln und mit Walnüssen und Schnittlauchröllchen bestreuen.

Nieheimer Kochkäse

ZUBEREITUNG // ⏱ 15 min // 10 min // ❄ 12 h

1 Die Butter mit der Sahne in einem hohen Topf langsam erwärmen. Den Käse in kleine Würfel schneiden und in der Buttersahne schmelzen lassen, dabei gelegentlich umrühren.

2 Die Käse-Sahne-Mischung einmal aufkochen lassen, vom Herd ziehen und Quark und Kümmel unterrühren.

3 Zum Schluss das Natron unterrühren, wodurch die Käsemasse auftreibt. Den Kochkäse sofort in eine Schale umfüllen und über Nacht kühl stellen.

4 Der Kochkäse schmeckt am besten auf frischem dunklem Bauernbrot.

FÜR 4 PERSONEN

50 g Butter
100 g Sahne
100 g Nieheimer Käse
(ersatzweise Harzer Roller)
125 g Speisequark (20 % Fett)
1 TL ganzer Kümmel
½ TL Natron

FÜR 4 PERSONEN

1 l Milch (3,5 % Fett)
2 EL Joghurt mit lebenden Joghurtkulturen (3,5 % Fett; nicht erhitzt)

Naturjoghurt selbst gemacht

ZUBEREITUNG // 20 min // 12 h // 1 d

1 Den Backofen auf 50 °C vorheizen, dann ausschalten. Sechs Weckgläser (à 150 ml Inhalt) sterilisieren (siehe S. 118/119) und kopfüber auf einem sauberen Küchentuch stehend abtropfen lassen.

2 Die Milch nur leicht erwärmen (ca. 35 °C), den Joghurt mit dem Schneebesen unterrühren und die Mischung auf die Weckgläser verteilen. Die Deckel verschließen.

3 Für die Zubereitung im Backofen ein Backofengitter mit einem Geschirrtuch auslegen, die Weckgläser daraufstellen und mit einem zweiten Tuch bedecken. Das Gitter in den Ofen schieben und mindestens 5 Stunden stehen lassen, dann den Ofen erneut etwa 5 Minuten auf 50 °C aufheizen und die Gläser weitere 7 Stunden im Ofen stehen lassen.

4 Die Gläser herausnehmen, abkühlen lassen und mindestens 1 Tag zum Reifen in den Kühlschrank stellen.

5 Alternativ können Sie den Joghurt auch in einem Joghurtbereiter herstellen (siehe S. 66). Beachten Sie dabei bitte die Angaben des Herstellers.

Heißer Leberkäse

FÜR 4–6 PERSONEN

600 g Schweinefleisch (aus der Oberschale)
300 g Schweinebauch (ohne Schwarte)
100 g fetter Speck (ohne Schwarte)
22 g Pökelsalz
3 g gemahlener weißer Pfeffer
1 g gerebelter Majoran
1 g getrockneter Thymian
1–2 Msp. Macis (gemahlene Muskatblüte)
½ TL gemahlener Ingwer
300 g Crushed Ice
Öl für die Form

ZUBEREITUNG // ◷ 30 min // ❄ 1 h // ▣ 1 h 30 min

1 Das Schweinefleisch und den Schweinebauch waschen, trocken tupfen und klein schneiden. Den Speck in sehr kleine Würfel schneiden. Fleisch und Speck auf einem Blech verteilen und mindestens 1 Stunde in das Tiefkühlfach stellen (es sollte leicht angefroren sein).

2 Den Backofen auf 160 °C vorheizen. Das angefrorene Fleisch und den Speck durch die feine Scheibe des Fleischwolfs drehen. In einen Cutter geben und mit den Gewürzen kurz und kräftig durchmischen. Das Eis dazugeben und 1 bis 2 Minuten untercuttern, sodass eine feine zähe Masse entsteht.

3 Das Brät in eine mit Öl gefettete Kastenform (ca. 26 cm lang) füllen und dabei gut andrücken, damit Luftblasen entweichen. Glatt streichen und im Ofen auf der mittleren Schiene 80 bis 90 Minuten backen.

4 Den Leberkäse aus der Form lösen und noch heiß in Scheiben schneiden. Dazu passen Brötchen, frische Brezeln (siehe Rezept S. 64) und süßer oder mittelscharfer Senf (siehe S. 31).

TIPP *Wer keinen Fleischwolf und keinen Cutter besitzt, kann die Leberkäse-Brätmasse auch portionsweise in einer guten Küchenmaschine oder im Thermomix herstellen.*

Geräucherter Lachs
mit Pfeffer und Zitrone

FÜR 4 PERSONEN

600 g Lachsfilet (ohne Haut)
Salz
Pfeffer aus der Mühle
2 Handvoll Räucherspäne (aus dem Anglerbedarf oder dem Baumarkt)
Zitronenscheiben zum Anrichten

ZUBEREITUNG // ⏲ 10 min // 20 min // 20 min

1 Den Lachs waschen, trocken tupfen und in vier gleich große Stücke schneiden. Den Lachs leicht mit Salz würzen und kräftig mit Pfeffer einreiben.

2 Die Räucherspäne in eine Pfanne geben (siehe Tipp unten), ein Grillgitter darüberlegen und den Lachs darauf verteilen. Den Deckel schließen und die Pfanne bei starker Hitze aufheizen, bis die Späne zu rauchen beginnen. Bei mittlerer Temperatur zugedeckt etwa 20 Minuten räuchern. Die Pfanne vom Herd nehmen und den Lachs zugedeckt 20 Minuten ziehen lassen, damit er auch durch ist.

3 Den Räucherlachs mit den Zitronenscheiben anrichten. Dazu passt eine Zitronen-Joghurt-Sauce und frisches Brot.

Info: Und so räuchert man im Kugelgrill bzw. im Smoker: Für geräucherte Lachskoteletts 50 bis 80 g Salz mit etwa 1 l Wasser vermischen, bis es sich aufgelöst hat. 4 Lachskoteletts waschen und 6 bis 8 Stunden in die Salzlake einlegen. Dann herausnehmen, unter fließendem Wasser abspülen und sehr gut trocken tupfen. Den Grill anheizen. 3 bis 4 EL BBQ-Räucherspäne 10 Minuten in einer Schüssel wässern, dann in ein Sieb abgießen und abtropfen lassen. Die Räucherspäne in eine Aluschale geben, die Glut auf eine Seite häufeln und die Aluschale daraufsetzen. Die Lachskoteletts auf den Rost legen, den Grill mit dem Deckel verschließen und die Lachskoteletts je nach Dicke 15 bis 25 Minuten räuchern, bis sie gar sind. Lauwarm servieren.

TIPP *Die Rauchentwicklung ist erheblich, deshalb benutzt man am besten einen Campingkocher und räuchert im Freien. Die verwendete Pfanne kann danach nicht mehr zum Braten benutzt werden! Wer keine Pfanne opfern möchte, kauft einen kleinen Räucherkasten beim Anglerbedarf. Da sind dann auch schon das Gitter und die Späne enthalten.*

für
Kenner

FÜR DEN VORRAT

Viererlei Würzessige
mit Beeren und Kräutern

FÜR JE CA. 500 ML

Für den Johannisbeeressig

250 g Rote Johannisbeeren
6–8 Blätter Zitronenmelisse
1 TL schwarze Pfefferkörner
2 EL flüssiger Honig
ca. 400 ml Apfelessig

Für den Rosenblütenessig

2 Handvoll frische, ungespritzte Rosenblütenblätter
½ l Weißweinessig

Für den Minzeessig

1 Handvoll Minzeblätter
1 Bio-Orange
1 Bio-Zitrone
3 cm Ingwer
½ l Weißweinessig

Für den Apfel-Rosmarin-Essig

1 aromatischer Apfel
1 TL Pfefferkörner
1 EL flüssiger Honig
2 Zweige Rosmarin
½ l Apfelessig

Für den Stachelbeeressig

200 g rote Stachelbeeren
1 Vanilleschote
1 TL brauner Zucker
½ l Apfelessig

ZUBEREITUNG // ◷ je 15 min // ● je 21 d

1 Fünf Glasflaschen (à ½ l Inhalt) mit Bügel- oder Schraubverschluss sterilisieren (siehe S. 118/119) und kopfüber auf einem sauberen Küchentuch stehend abtropfen lassen.

2 JOHANNISBEERESSIG: Beeren verlesen, waschen, trocken tupfen und in eine Flasche füllen. Die Zitronenmelisseblätter waschen, trocken tupfen und mit den Pfefferkörnern zu den Johannisbeeren in die Flasche geben und den Honig darüberträufeln. Die Flasche mit dem Essig auffüllen und gut verschließen. An einem hellen, warmen Ort 2 bis 3 Wochen ziehen lassen. Zwischendurch gelegentlich schütteln. Den Johannisbeeressig durch ein feines Sieb abgießen und erneut abfüllen. Nach Belieben einige Pfefferkörner mit in die Flasche geben.

3 ROSENESSIG: Die Blütenblätter waschen, trocken tupfen und in eine Flasche füllen. Mit dem Essig auffüllen, gut verschließen und 2 bis 3 Wochen ziehen lassen. Den Rosenblütenessig durch ein feines Sieb abgießen und erneut abfüllen.

4 MINZEESSIG: Die Minzeblätter waschen und trocken tupfen. Orange und Zitrone heiß waschen und jeweils die Schale mit dem Sparschäler dünn abschneiden. Den Ingwer schälen und in dünne Scheiben schneiden. Alles in die Flasche füllen, mit dem Essig aufgießen, gut verschließen und 2 bis 3 Wochen ziehen lassen. Durch ein feines Sieb abgießen und erneut abfüllen.

5 APFEL-ROSMARIN-ESSIG: Den Apfel waschen und vierteln, entkernen und in schmale Spalten schneiden. Mit Pfefferkörnern, Honig und Rosmarin in die Flasche geben und mit dem Essig auffüllen. Gut verschließen und 2 bis 3 Wochen ziehen lassen. Durch ein feines Sieb abgießen und erneut abfüllen.

6 STACHELBEERESSIG: Beeren verlesen, waschen und trocken tupfen. Mit der Gabel oder dem Kartoffelstampfer leicht andrücken.Mit der Vanilleschote und dem Zucker in eine Flasche geben, mit dem Essig auffüllen und gut verschließen. 2 bis 3 Wochen ziehen lassen. Zwischendurch gelegentlich schütteln. Durch ein feines Sieb abgießen und erneut abfüllen.

ruck, zuck
fertig

das ist
wie
Urlaub

Thymianöl

FÜR 1 FLASCHE (500 ML)

- 2 Handvoll Thymian
- 5–6 rosa Pfefferbeeren
- ½ l mildes Olivenöl

ZUBEREITUNG // 15 min // 3 d

1 Die Flasche samt Deckel sterilisieren (siehe S. 118/119) und kopfüber auf einem sauberen Küchentuch abtropfen lassen.

2 Den Thymian waschen und gut trocken tupfen. Mit den rosa Pfefferbeeren in die vorbereitete Flasche stecken und mit dem Olivenöl auffüllen. Die Flasche gut verschließen und das Thymianöl etwa 3 Tage ziehen lassen. Kühl und dunkel lagern.

Rosmarinöl

FÜR 1 FLASCHE (500 ML)

- 1 Handvoll Rosmarinzweige
- 1 Zweig Thymian
- 2 Knoblauchzehen
- ½ l mildes Olivenöl

ZUBEREITUNG // 15 min // 3 d

1 Die Flasche samt Deckel sterilisieren (siehe S. 118/119) und kopfüber auf einem sauberen Küchentuch abtropfen lassen.

2 Den Rosmarin und den Thymian waschen, gut trocken tupfen und die Zweige halbieren. Mit den Knoblauchzehen in die vorbereitete Flasche stecken und mit dem Olivenöl auffüllen. Die Flasche gut verschließen und das Rosmarinöl etwa 3 Tage ziehen lassen. Kühl und dunkel lagern.

TIPP *Statt Rosmarin oder Thymian schmecken auch andere Kräuter wie Salbei oder Estragon im Öl. Achten Sie darauf, dass Sie die Kräuter immer sehr gut trocken tupfen und später vollständig mit Öl bedecken, sonst kann sich später Schimmel in der Flasche bilden.*

Sauerkraut mit Äpfeln

ZUBEREITUNG // 35 min // 4 w

1 Die Einmachgläser samt Deckeln sterilisieren (siehe S. 118/119) und kopfüber auf einem sauberen Küchentuch gut abtropfen lassen.

2 Den Weißkohl putzen, vierteln, den Strunk herausschneiden und die Kohlviertel auf der Gemüsereibe in feine Streifen hobeln. Den Essig mit 400 ml Wasser, Salz, Zucker, Wacholderbeeren und Lorbeerblättern in einem Topf aufkochen lassen. Den Kohl hinzufügen und 4 bis 5 Minuten bissfest garen.

3 Die Äpfel vierteln, schälen, entkernen und in dünne Spalten schneiden. Mit in den Topf geben und aufkochen lassen. Das Kraut mit den Äpfeln sofort mit dem Schaumlöffel aus dem Sud nehmen und auf die vorbereiteten Gläser verteilen. Den Sud nochmal aufkochen lassen und kochend heiß über den Kohl gießen, sodass alles gut bedeckt ist.

4 Die Gläser verschließen, abkühlen lassen und an einem kühlen, dunklen Ort etwa 4 Wochen ziehen lassen.

Tipp: Auf die gleiche Weise kann man Spitzkohl und Rotkohl verarbeiten.

FÜR 4 GLÄSER (À 500 ML)

1 Weißkohl (ca. 1 kg)
400 ml Weißweinessig
2 EL Salz
1 EL Zucker
1 TL Wacholderbeeren
4 frische Lorbeerblätter
2 Äpfel

FÜR 2 GLÄSER (À CA. 1 L)

1,2 kg Rote Beten
(möglichst gleich groß)
Salz
1 große Zwiebel
2 kleine Lorbeerblätter
1 TL ganzer Kümmel
2 Knoblauchzehen
4 Scheiben Ingwer
¼ l Weißweinessig
85 g Zucker

Eingelegte Rote Bete

ZUBEREITUNG // 25 min // 1 h 20 min

1 Die Einmachgläser samt Deckeln sterilisieren (siehe S. 118/119) und kopfüber auf einem sauberen Küchentuch gut abtropfen lassen.

2 Die Roten Beten putzen, waschen und in Salzwasser etwa 1 Stunde weich garen. In ein Sieb abgießen, kalt abschrecken und abtropfen lassen. Die Roten Beten schälen (dabei am besten Einweghandschuhe tragen) und in Scheiben schneiden. Die Zwiebel schälen und in breite Spalten schneiden.

3 Den Backofen auf 200 °C vorheizen. Rote Beten und Zwiebelspalten mit den Gewürzen gleichmäßig auf die Gläser verteilen und möglichst ohne Zwischenräume einschichten.

4 Für den Sud 600 ml Wasser mit Essig, Zucker und 2 EL Salz aufkochen und heiß in die Gläser füllen. Die Roten Beten sollten vollständig bedeckt sein. Die Gläser gut verschließen und im Wasserbad im Ofen bei 200 °C 20 Minuten einkochen. Im geschlossenen Ofen im Wasser abkühlen lassen. Die Roten Beten mit Einlegesud, aber ohne Zwiebeln servieren.

Tellersülze

FÜR 4 PERSONEN

1 gepökelte Schweinshaxe (ca. 1,5 kg)
ca. 3 l Fleischbrühe
ca. 75 ml Weißweinessig
Zucker
1 Zwiebel
2 kleine Möhren
150 g Knollensellerie
1 Lorbeerblatt
2 Gewürznelken
4–5 Wacholderbeeren
10 Blatt Gelatine
Salz · Pfeffer aus der Mühle
frisch gemahlene Muskatnuss
2 Gewürzgurken
2 hart gekochte Eier

ZUBEREITUNG // 40 min // 2 h 30 min // 3 h

1 Die Haxe waschen und trocken tupfen. Die Brühe mit dem Essig und 1 TL Zucker in einem großen Topf aufkochen und die Haxe hineinlegen, sodass sie bedeckt ist. Aufkochen lassen und das Fleisch etwa 2½ Stunden bei schwacher Hitze weich garen. Das Fleisch sollte sich leicht vom Knochen lösen. Den aufsteigenden Schaum beim Garen abschöpfen.

2 Inzwischen die Zwiebel, die Möhren und den Sellerie schälen. Die Zwiebel halbieren und mit dem Lorbeerblatt, den Nelken und Wacholderbeeren nach etwa 1 Stunde mit in den Topf geben. Nach weiteren 30 Minuten die Möhren und Sellerie hinzufügen. Die fertig gegarte Haxe aus dem Sud nehmen und die Schwarte entfernen. Das Fleisch vom Knochen lösen, etwas abkühlen lassen und in Scheiben schneiden.

3 Die Möhren und den Sellerie aus dem Sud nehmen und in Scheiben schneiden. Den Sud durch ein mit einem Küchentuch ausgelegtes Sieb passieren. Die Gelatine in kaltem Wasser einweichen.

4 In einem Topf 1 l vom Kochsud erhitzen und die gut ausgedrückte Gelatine darin auflösen. Mit Essig, Zucker, Salz, Pfeffer und Muskatnuss abschmecken. Den Sud etwas abkühlen lassen.

5 Für die Einlage die Gewürzgurken schräg in Scheiben schneiden. Die Eier pellen und halbieren. Beides mit den Möhren, dem Sellerie und den Fleischscheiben auf tiefe Teller verteilen. Mit dem Sülzensud übergießen und im Kühlschrank mindestens 3 Stunden fest werden lassen. Dazu passen sehr gut Bratkartoffeln mit einem Kräuterdip.

Unser Liebling

Gänseschmalz mit Calvadosäpfeln

FÜR 2 GLÄSER (À CA. 300 ML)

1 Apfel (z.B. Boskop)
2 EL Calvados (frz. Apfelbrand)
3 Stiele Majoran
1 EL getrockneter Beifuß
1 große Zwiebel
250 g Gänseflomen (Bauchfett)
150 g grüner Speck (ungeräucherter Schweinerückenspeck)
Salz · Pfeffer aus der Mühle

ZUBEREITUNG // 25 min // 1 h

1 Den Apfel waschen, vierteln und das Kerngehäuse entfernen. Die Apfelviertel in kleine Würfel schneiden und sofort mit dem Calvados mischen. Den Majoran waschen, trocken tupfen, die Blätter abzupfen und fein hacken. Mit dem Beifuß unter die Apfelwürfel mischen und ziehen lassen. Die Zwiebel schälen und in kleine Würfel schneiden.

2 Den Gänseflomen und den Speck jeweils in gut ½ cm große Würfel schneiden. Beides in einer breiten Pfanne bei schwacher Hitze unter gelegentlichem Rühren auslassen. Sobald reichlich klares Fett ausgetreten ist, auf mittlere Hitze erhöhen und häufiger umrühren, bis die kleinen verbliebenen Fettstückchen (Grieben) schön bräunen; dabei nicht zu heiß werden lassen, damit sie nicht verbrennen, aber auch nicht zu schwach erhitzen, sonst bräunen sie nicht.

3 Zuletzt die Zwiebel in das heiße Fett geben und gut 5 Minuten mitgaren, bis sie leicht bräunt. Anschließend die Apfelmischung dazugeben und bei schwacher Hitze weitere 5 Minuten mitziehen lassen. Mit Salz und Pfeffer würzen.

4 Das Schmalz vom Herd nehmen und abkühlen lassen. Wenn es fest zu werden beginnt, nochmals durchrühren, damit sich Grieben, Zwiebel und Apfel gleichmäßig verteilen. Anschließend in saubere Gläser oder Steinguttöpfchen füllen, verschließen und vollständig auskühlen lassen. Das Schmalz hält sich im Kühlschrank aufbewahrt etwa 3 Wochen.

Mein Lieblingsrezept für...

den Vorrat

FERMENTIERTES FRÜHLINGSGEMÜSE

FÜR 4 GLÄSER (À 1 L) // 25 min // 28 d

1 *2 kg Gemüse* nach Saison (z.B. *junge Möhren, Staudensellerie, Mairübchen, Spitzkohl*) putzen und waschen bzw. schälen und in möglichst gleichgroße Stücke schneiden. *50 g Meersalz* in etwas Wasser aufkochen und mit *2,5 l kaltem Wasser* auffüllen.

2 *2 rote Peperoni* längs halbieren, *40 g Ingwer* in Scheiben schneiden und *6 Kardamomkapseln* andrücken.

3 Das Gemüse mit den Gewürzen so dicht wie möglich in die Gläser schichten und mit Salzwasser aufgießen.

4 Je einen gewaschenen Stein in die Glasöffnungen stellen, damit die Zutaten vollständig bedeckt sind.

5 Die Gläser mit feiner Gaze überziehen und das Gemüse 2 Tage bei 20 bis 22 °C ziehen lassen. Danach 4 Wochen kühl und dunkel bei 16 bis 18 °C fermentieren lassen. Dabei wiederholt kontrollieren, dass nichts an die Oberfläche steigt. Falls doch, das Gemüse mit einem Löffel herunterdrücken und wieder beschweren.

Pfirsich senf

Echt easy gemacht

Brathering auf Gemüsebett

FÜR 4 PERSONEN

2 Zwiebeln
je 1 gelbe und orangefarbene Möhre
150 g Knollensellerie
½ Stange Lauch
ca. 20 Wacholderbeeren
je 2–3 TL Senf-, Koriander- und schwarze Pfefferkörner
1 EL Pimentkörner
2 EL Puderzucker
80 ml Rotweinessig
½ l Gemüsebrühe
1 rote Chilischote
4 Lorbeerblätter
Salz
4 EL doppelgriffiges Mehl (Wiener Grießler)
8 Heringsfilets (mit Haut, ohne Gräten)
3–4 EL Öl

ZUBEREITUNG // ⏲ 35 min // 💧 12 h

1 Am Vortag Zwiebeln, Möhren und Sellerie schälen, Lauch putzen, waschen und alles in sehr feine Streifen schneiden.

2 Die ganzen Gewürze in einem Topf anrösten, bis sie zu duften beginnen. Den Puderzucker darüberstäuben und karamellisieren. Mit dem Essig ablöschen und das Gemüse dazugeben. Die Brühe angießen.

3 Die Chilischote längs halbieren, entkernen und waschen. Die Lorbeerblätter und die Chilischote in den Topf geben. Die Marinade mit Salz würzen und knapp unter dem Siedepunkt etwa 10 Minuten ziehen lassen. Das Mehl auf einen Teller geben.

4 Die Heringsfilets waschen und trocken tupfen. Mit der Hautseite im Mehl wenden, überschüssiges Mehl leicht abklopfen. Das Öl in einer Pfanne erhitzen und die Fischfilets darin auf der Hautseite bei mittlerer Hitze 1 bis 2 Minuten anbraten, bis an den Seiten ein heller Streifen entsteht.

5 Die Marinade mit den Gewürzen und dem Gemüse in eine Porzellan- oder Glasform gießen. Die Heringsfilets nebeneinander, mit der Hautseite nach oben, in die Marinade legen und mit Frischhaltefolie abgedeckt im Kühlschrank über Nacht ziehen lassen. Zum Servieren jeweils etwas Gemüse auf Teller verteilen, je 1 Brathering daraufgeben und mit etwas Marinade beträufeln. Nach Belieben Bratkartoffeln dazu servieren.

TIPP *Man kann den Brathering gut vorbereiten, dann sollte er allerdings bis zum Servieren zugedeckt im Kühlschrank aufbewahrt werden. Den Fisch vor dem Servieren dann rechtzeitig herausnehmen – temperiert schmeckt er besser. Probieren Sie den Fisch auch einmal lauwarm, dafür den Brathering im Backofen auf der mittleren Schiene bei 80 °C 20 Minuten erwärmen. Auch Forellen- bzw. Lachsforellenfilets eignen sich für diese Form der Zubereitung.*

Tomaten und Auberginen
in Öl eingelegt

ZUBEREITUNG // 25 min // 3 d

1 Die Einmachgläser samt Deckeln sterilisieren (siehe S. 118/119) und kopfüber auf einem sauberen Küchentuch abtropfen lassen.

2 Den Backofen auf 240 °C vorheizen. Den Backofengrill einschalten. Ein Backblech mit Backpapier belegen. Die Tomaten waschen, vierteln und entkernen, dabei die Stielansätze entfernen. Die Auberginen putzen, waschen und in dünne Scheiben schneiden. Das Gemüse auf das Backblech legen, mit 4 EL Olivenöl einpinseln, mit dem Zucker bestreuen, mit Pfeffer würzen und im Backofen etwa 10 Minuten grillen. Herausnehmen und etwas abkühlen lassen.

3 Inzwischen die Schalotten schälen und vierteln. Den Knoblauch schälen und in Scheiben schneiden. Auberginenscheiben und Tomatenspalten mit den Schalotten und dem Knoblauch in die vorbereiteten Gläser schichten.

4 Den Essig leicht erwärmen, mit dem Honig und 2 Prisen Salz verrühren und über das Gemüse gießen. Mit dem restlichen Olivenöl auffüllen, bis das Gemüse vollständig mit Öl bedeckt ist. Die Gläser gut verschließen. Die eingelegten Tomaten und Auberginen an einem kühlen Ort (aber nicht im Kühlschrank) mindestens 3 Tage ziehen lassen.

FÜR 4 GLÄSER (À 200 ML)

250 g Tomaten
250 g Auberginen
290 ml Olivenöl
1 TL Zucker
Pfeffer aus der Mühle
3 Schalotten
3 Knoblauchzehen
50 ml Balsamico bianco
1 EL Honig
Salz

FÜR 4 GLÄSER (À 200 ML)

500 g gemischte Pilze
2 Knoblauchzehen
3 Zweige Rosmarin
3 Stiele Salbei
½ l Weißweinessig
Salz
4 Lorbeerblätter
400 ml Olivenöl

Waldpilze im Kräutersud

ZUBEREITUNG // 25 min // 7 d

1 Die Einmachgläser samt Deckeln sterilisieren (siehe S. 118/119) und kopfüber auf einem sauberen Tuch gut abtropfen lassen.

2 Die Pilze putzen und, falls nötig, trocken abreiben und in Scheiben oder Stücke schneiden. Den Knoblauch schälen und in Scheiben schneiden. Den Rosmarin und den Salbei waschen und sehr gut trocken tupfen.

3 Den Essig mit 200 ml Wasser und 1 TL Salz in einem Topf aufkochen, die Pilze und den Knoblauch dazugeben und bei schwacher Hitze etwa 10 Minuten köcheln lassen. Dann abgießen und gut abtropfen lassen.

4 Pilze, Knoblauch, Rosmarin, Salbei und Lorbeerblätter in die vorbereiteten Gläser füllen und mit dem Olivenöl aufgießen. Die eingelegten Waldpilze kühl und dunkel (aber nicht im Kühlschrank) aufbewahren und mindestens 1 Woche ziehen lassen.

Schon mal probiert?

Frische Kräuter haltbar machen, Sauerkraut und Mandelmus aus eigener Fabrikation – schön wenn man jederzeit auf Leckeres zurückgreifen kann.

KRÄUTER: *Fünf Tipps zum Aufbewahren*

Trocknen lassen sich frische Kräuter ganz leicht: Einfach zu Bündeln zusammenbinden und an einem luftigen Ort hängend trocknen. Direkte Sonneneinstrahlung sollte man vermeiden, denn sonst verlieren die Kräuter an Farbe und Geschmack.

Einfrieren: Dafür die Kräuter waschen, trocken tupfen und die Blätter fein hacken. Anschließend in gebräuchlichen Mengen in kleinen Kunststoffbehältern, oder mit etwas Wasser in Eiswürfelbereiter gefüllt, tiefkühlen.

Kräutersalz besteht aus frisch gehackten Kräutern, die man mit reichlich konservierendem grobem Meersalz mischt und abfüllt. Möglichst dunkel aufbewahren.

Einlegen in Essig oder Öl ist bei Kräutern besonders beliebt, denn Kräuter geben dem Essig bzw. dem Öl ihr jeweiliges Aroma ab. Selbstverständlich kann man auch fein gehackte Kräuter mit Öl aufgießen und kühl und dunkel aufbewahren – leider nur begrenzt haltbar.

Pesto lässt sich z.B. aus Basilikum, Petersilie, Kerbel und Koriander herstellen. Mit von der Partie sind dabei immer ein geschmacksneutrales Öl, Nüsse oder Samen und evtl. geriebener Hartkäse. Wichtig: Das Pesto sollte immer von einer Ölschicht bedeckt sein und kühl und dunkel aufbewahrt werden.

SAUERKRAUT: milchsauer vergoren

1 Von einem Kopf Weißkohl (ca. 2 kg) 3 bis 4 äußere große Blätter abnehmen. Den Kohlkopf vierteln und auf einem Kraut- oder Gurkenhobel in feine Streifen hobeln. Einen großen Ton-Gärtopf oder mehrere saubere Vorratsgläser mit einem großen Kohlblatt auslegen. Darauf eine etwa 5 cm dicke Schicht des gehobelten Kohls geben.

2 Den Kohl mit einem hölzernen Stampfer feststampfen. Abschließend abwechselnd etwas Salz (insgesamt 2½ EL) und nach Belieben etwas ganzen Kümmel und Wacholderbeeren daraufstreuen. Weiteren Kohl einschichten und stampfen, bis Sauerkrautsaft austrittt.

3 Ist der gesamte Kohl eingeschichtet, das Ganze mit den großen Kohlblättern abdecken, mit einer Platte und einem etwa 1 kg schweren Gewicht (z.B. Stein) beschweren, ein Tuch darüberlegen und den Kohl etwa 4 Wochen zu Sauerkraut gären lassen. Dabei das Kraut wöchentlich kontrollieren und eine mögliche weiße Kahmschicht entfernen, das Tuch auswechseln und bei Bedarf etwas abgekochtes Wasser aufgießen, damit das Kraut vollständig bedeckt ist.

MANDELMUS: gesunde Power im Glas

1 500 g Mandeln im Blitzhacker oder Standmixer fein mixen. Etwa 10 Minuten pausieren (damit Gerät und Mus nicht überhitzen), den Vorgang mehrmals wiederholen.

2 Hat das Mus eine feste, cremige Konsistenz, noch etwas weitermixen, bis das Mandelöl austritt und eine feincremige Masse entstanden ist. Das Mus in sterilisierte Schraubgläschen (siehe S. 118/119) füllen und im Kühlschrank aufbewahren. Hält sich etwa 3 Wochen.

Tipp: Verwendet man blanchierte Mandeln, so bekommt man ein helles, fast weißes Mandelmus.

Schoko-Nuss-Creme

FÜR 1 GLAS (250 ML)

60 g Haselnusskerne
100 g Zartbitterschokolade (75 % Kakaogehalt)
50 g Butter
2 Msp. Zimtpulver
80 ml Milch
1½–2 EL Puderzucker

ZUBEREITUNG // ⏲ 40 min

1 Den Backofen auf 180 °C vorheizen. Die Haselnüsse auf einem Backblech verteilen und im Ofen auf der mittleren Schiene 6 bis 8 Minuten braun rösten, bis sich die dunklen Häute leicht lösen. Die Nüsse aus dem Ofen nehmen, auf einem Küchentuch abkühlen lassen und die Häute abrubbeln. Die Nüsse vollständig auskühlen lassen.

2 Die Schokolade grob hacken und mit der Butter in einer Metallschüssel im heißen Wasserbad unter gelegentlichem Rühren schmelzen. Vom Herd nehmen. Die Nüsse mit dem Blitzhacker so fein wie möglich mahlen. Mit dem Zimt und der Milch gründlich unter die warme, noch flüssige Schokolade rühren. Je nach gewünschter Süße Puderzucker unterrühren.

3 Die Schoko-Nuss-Creme in ein sterilisiertes Schraubglas (siehe S. 118/119) füllen, vollständig abkühlen lassen und verschließen. Hält sich gekühlt 1 bis 2 Wochen.

Weiße Schokocreme

FÜR 1 GLAS (250 ML)

200 g weiße Schokolade
75 g geröstete, gesalzene Macadamianüsse
75 g blanchierte ganze Mandeln
25 g Kokosraspel
Mark von ½ Vanilleschote
1 EL Mandel- oder Sonnenblumenöl

ZUBEREITUNG // ⏲ 20 min

1 Die Schokolade grob hacken und in einer Metallschüssel im heißen Wasserbad unter gelegentlichem Rühren schmelzen, dann vom Herd nehmen.

2 Inzwischen die Nüsse, die Mandeln und die Kokosraspel mit dem Blitzhacker so fein wie möglich mahlen. Die Nussmischung, das Vanillemark und das Öl gründlich unter die warme, noch flüssige Schokolade rühren.

3 Die Schokocreme in ein sterilisiertes Schraubglas (siehe S. 118/119) füllen, vollständig abkühlen lassen und verschließen. Hält sich gekühlt 2 Monate.

das ist
richtig
lecker!

Kirsch-Vanillesirup

ZUBEREITUNG // ⏲ 30 min // ⏸ 10 h

1 In einem Topf ½ l Wasser mit dem Zucker aufkochen und 5 Minuten sprudelnd kochen lassen. Vom Herd nehmen und etwas abkühlen lassen. Die Zitronensäure und den Zitronensaft unter die Zuckerlösung rühren.

2 Die Kirschen waschen und entsteinen. Die Kirschen im Topf mit dem Zuckersirup mischen und mit einem Kartoffelstampfer sanft zerdrücken. Die Vanillestange längs aufschneiden, das Mark herauskratzen und das Mark sowie die Schote zu den Kirschen geben. Den Topf mit Frischhaltefolie luftdicht verschließen und im Kühlschrank etwa 10 Stunden ziehen lassen.

3 Eine Glasflasche (½ l Inhalt) mit Bügel- oder Schraubverschluss sterilisieren (siehe S. 118/119) und kopfüber auf einem sauberen Küchentuch stehend abtropfen lassen.

4 Die Zucker-Kirschmischung durch ein feines Sieb in einen Topf abgießen, die Kirschen dabei gut ausdrücken. Den Sirup noch einmal kurz aufkochen lassen und sofort in die vorbereitete Flasche abfüllen. Die Flasche verschließen und den Kirsch-Vanillesirup auskühlen lassen. Im Kühlschrank hält er sich ungeöffnet etwa 4 Wochen. Geöffnete Flaschen innerhalb weniger Tage verbrauchen.

FÜR CA. 500 ML

500 g Zucker
10 g Zitronensäurepulver (aus der Apotheke)
Saft von 1 Zitrone
1 kg Süßkirschen
1 Vanilleschote

FÜR 2 L

4 kg saftige Bio-Äpfel
4 Zimtstangen

Naturtrüber Apfelsaft
frisch aus der Presse

ZUBEREITUNG // 15 min

1 Die Äpfel waschen und vierteln. Die Kerngehäuse entfernen und die Apfelviertel im Entsafter auspressen.

2 Zwei Glasflaschen (1 l Inhalt) mit Bügel- oder Schraubverschluss sterilisieren (siehe S. 118/119) und kopfüber auf einem sauberen Küchentuch gut abtropfen lassen. Jeweils 2 Zimtstangen in jede Flasche geben. Den frisch gepressten Saft auf die Flaschen verteilen und die Flaschen verschließen. Den Apfelsaft im Kühlschrank aufbewahren und so schnell wie möglich verbrauchen.

3 Auf die gleiche Weise lassen sich auch Birnen verarbeiten. Nach Belieben den Saft mit Zitronensaft oder Gewürzen wie Sternanis und Vanille verfeinern. Köstlich schmeckt auch eine Mischung von Apfel- und Birnensaft zu gleichen Teilen.

4 Der Apfelsaft ist wesentlich länger (bis zu mehreren Monaten) haltbar, wenn man die verschlossenen Flaschen im Wasserbad im Backofen bei 200 °C 20 Minuten einkocht. Im geschlossenen Backofen abkühlen lassen und anschließend kühl und dunkel lagern.

LANGE HALTBAR

echt easy

Apfelchips und Birnenchips

ZUBEREITUNG // 20 min // ca. 2 h

1 Den Backofen auf 80 °C Umluft vorheizen. Die Äpfel und Birnen waschen, nach Belieben die Kerngehäuse herausstechen und quer in hauchdünne Scheiben hobeln oder schneiden. Sofort mit dem Zitronensaft beträufeln.

2 Ein Ofengitter mit Öl bestreichen und die Äpfel- und Birnenscheiben darauf verteilen. Im Ofen auf der zweiten Schiene von unten 1 bis 2 Stunden trocknen lassen, dabei die Ofentür einen Spalt offen lassen, damit die Feuchtigkeit entweichen kann (am besten einen Kochlöffelstiel zwischen Tür und Ofen klemmen). Die Fruchtscheiben gelegentlich wenden.

3 Die getrockneten Apfel- und Birnenchips herausnehmen und auskühlen lassen. Luftdicht verschlossen aufbewahren.

Tipp: Die Chips passen wunderbar zu Vanilleeis, man kann sie auch nur mit etwas Lebkuchenzucker betreut servieren.

FÜR 4 PERSONEN

2 säuerliche Äpfel
2 feste Birnen
Saft von ½ Zitrone
Öl zum Bestreichen

FÜR CA. 40 STÜCK

1 kg Zucker
4 Bio-Orangen
350 g Zartbitterkuvertüre

Kandierte Orangenscheiben
mit Schokolade

ZUBEREITUNG // 30 min // 15 min // 2 d // 2 d

1 Am Vortag den Zucker mit 1 l Wasser aufkochen und etwa 5 Minuten köcheln lassen, bis sich der Zucker gelöst hat. Anschließend lauwarm abkühlen lassen.

2 Die Orangen heiß waschen, trocken tupfen und in 3 bis 4 mm dünne Scheiben schneiden. Nebeneinander auf ein gelochtes Blech oder feines Sieb legen und in eine flache Form oder auf ein Blech stellen. Mit dem Sirup bedecken und über Nacht ziehen lassen.

3 Den Sirup abgießen, erneut aufkochen und leicht abkühlen lassen. Wieder über die Orangenscheiben gießen und nochmals über Nacht ziehen lassen.

4 Am nächsten Tag die Orangen aus dem Sirup nehmen. Die Orangen auf einem Gitter abtropfen und 1 bis 2 Tage trocknen lassen.

5 Die Kuvertüre grob hacken und in einer Metallschüssel im heißen Wasserbad schmelzen. Vom Herd nehmen und die kandierten Orangenscheiben etwa bis zur Hälfte in die Kuvertüre tauchen. Auf Backpapier legen und trocknen lassen.

Limettengelee mit Basilikum

FÜR 3 GLÄSER (À 200 ML)

ca. 1 kg Bio-Limetten (ca. 10 Stück)
15 g brauner Zucker
200 g Gelierzucker (3:1)
3 Basilikumblätter
1–2 cl Wodka

ZUBEREITUNG // 20 min

1 Die Gläser samt Deckeln sterilisieren (siehe S. 118/119) und kopfüber auf einem sauberen Küchentuch abtropfen lassen. Eine Limette heiß waschen und trocken reiben. Mit dem Zestenreißer etwa ½ EL Limettenschale abziehen oder einen Streifen Schale dünn abschneiden und in feine Streifen schneiden. Alle Limetten halbieren und den Saft auspressen, 500 ml abmessen.

2 Limettensaft, braunen Zucker und Gelierzucker in einen Topf geben, unter Rühren langsam zum Kochen bringen und 2 Minuten sprudelnd kochen lassen. Die Limettenzesten hinzufügen und die Saftmischung weitere 2 Minuten kochen lassen.

3 Die Basilikumblätter von den Stielen zupfen, waschen und mit Küchenpapier trocken tupfen. Die Blätter in feine Steifen schneiden und auf die vorbereiteten Gläser verteilen.

4 Den Wodka unter das Limettengelee rühren, das Gelee in die Gläser füllen und gut verschließen. Während das Gelee abkühlt, die Gläser mehrmals umdrehen, damit sich die Basilikumstreifen schön verteilen. Das Gelee ist mit den frischen Kräutern gut gekühlt etwa 3 Monate haltbar.

TIPP *Als Variante können Sie das Gelee auch mit 1 Msp. Vanillemark kochen und 20 g gehackte weiße Schokolade unterrühren. Dann das Basilikum durch Minzeblätter ersetzen.*

Geheimrezept

Mango-Chutney mit Koriander

ZUBEREITUNG // 20 min // 25 min // 3 d

1 Den Essig in einemTopf bei mittlerer Hitze auf 100 ml einkochen lassen. Das Mangofruchtfleisch vom Stein schneiden und schälen. 540 g Fruchtfleisch abwiegen und in kleine Würfel schneiden. Die Orange mit einem Messer so schälen, dass auch die weiße Haut mit entfernt wird. Die Orangenfilets aus den Trennhäuten lösen und 100 g Fruchtfilets abwiegen.

2 Die Schalotten schälen, 80 g abwiegen und in feine Würfel schneiden. Das Öl in einem Topf bei mittlerer Hitze heiß werden lassen und die Schalotten darin andünsten. Den Knoblauch schälen, dazudrücken und mitdünsten. Das Currypulver darüberstreuen und unter Rühren kurz mitgaren.

3 Das Mango- und das Orangenfruchtfleisch sowie den Einmachzucker dazugeben und 2 Minuten mitgaren, dann mit dem reduzierten Essig ablöschen. Den Senf unterrühren und die Mango-Orangen-Mischung unter Rühren 25 Minuten einkochen lassen.

4 Das Koriandermus unter das Mango-Chutney mischen und mit Salz abschmecken. Das Chutney in sterilisierte Gläser (siehe S. 118/119) füllen, gut verschließen und 2 bis 3 Tage ziehen lassen.

FÜR 2–3 GLÄSER (À 200 ML)

200 ml Weißweinessig
2 reife Mangos
1 große Orange
4–5 Schalotten
1 EL Öl
3 Knoblauchzehen
3/4 EL Mango-Curry-Pulver (aus dem Gewürzladen)
80 g Einmachzucker
1 TL mittelscharfer Senf
2 Msp. Koriandermus (aus dem Glas)
Salz

FÜR 5 GLÄSER (À 500 ML)

2,5 kg nicht zu weiche Zwetschgen
1 Zimtstange
4 Nelken
1 Lorbeerblatt
2–3 Stiele Estragon
1,5 l Rotweinessig
1,5 kg Einmachzucker

Essigzwetschgen mit Estragon

ZUBEREITUNG // 30 min // 55 min // 10 d

1 Am Vortag die Zwetschgen entstielen, waschen und gut abtropfen lassen. Die Zwetschgen mehrmals mit einer feinen Nadel (Näh- oder Stecknadel) einstechen und in eine große säurebeständige Schüssel geben.

2 Die Gewürze in einen Einweg-Teefilter geben und mit Küchengarn zubinden. Den Estragon waschen und trocken schütteln. Den Essig in einem Topf zum Kochen bringen, das Gewürzsäckchen und den Estragon hinzufügen, den Zucker unter Rühren darin auflösen.

3 Den heißen Sud über die Zwetschgen gießen und die Früchte zugedeckt an einem kühlen Ort über Nacht ziehen lassen. Am nächsten Tag den Sud erneut aufkochen, wieder über die Zwetschgen gießen und ziehen lassen. Am 3. Tag den Sud erneut aufkochen und das Gewürzsäckchen und den Estragon entfernen.

4 Den Backofen auf 110 °C vorheizen. Eine ofenfeste Form etwa zur Hälfte mit Wasser füllen und beiseitestellen. Die Zwetschgen in die vorbereiteten Gläser schichten und mit dem heißen Essigsud übergießen. Die Gläser verschließen und die Essigzwetschgen im Wasserbad im Backofen 35 Minuten einkochen. An einem kühlen und dunklen Ort 8 bis 10 Tage ziehen lassen.

Holunderblütensirup mit Orangen

FÜR 3–4 FLASCHEN (À 750 ML)

- 20–25 schöne Holunderblütendolden
- 2 kg Zucker
- 1½ Bio-Zitronen (in Scheiben)
- 2 Bio-Orangen (in Scheiben)
- 2 EL Zitronensäurepulver (aus der Apotheke)

ZUBEREITUNG // 25 min // 6 d

1 Die Holunderblütendolden abbrausen, trocken schütteln und grobe Stiele entfernen. In einem Topf 2 l Wasser erwärmen und den Zucker darin unter Rühren auflösen.

2 Die Bio-Zitronen und -Orangen heiß waschen, trocken reiben und in Scheiben schneiden, dabei die Kerne entfernen.

3 Ein Einmachglas (5 l Inhalt) samt Deckel sterilisieren (siehe S. 118/119) und kopfüber auf einem sauberen Küchentuch abtropfen lassen.

4 Zitrusscheiben und Holunderblüten in das Glas einschichten und mit Zitronensäure bestreuen. Die Zuckerlösung vorsichtig darübergießen. Den Holundersirup zugedeckt an einem sonnigen Platz 5 bis 6 Tage ziehen lassen, dabei 2- bis 3-mal täglich mit einem Löffel aus Metall umrühren.

5 Den Sirup in sterilisierte Flaschen abfüllen, gut verschließen und kühl und dunkel aufbewahren.

TIPP *Für einen erfrischenden Sommerdrink geben Sie etwas Holunderblütensirup in Sektgläser und gießen ihn mit gekühltem Prosecco oder Sekt auf. Mit dem Sirup kann man aber auch fruchtige Nachspeisen oder Gebäck süßen.*

das ist
unser
Liebling

Kirschmarmelade mit Espresso

ZUBEREITUNG // ⏲ 20 min // 💧 2 h

1 Die Kirschen waschen, entstielen, halbieren oder vierteln und entsteinen. 500 g Fruchtfleisch abwiegen und in einen Topf geben. Die Orange halbieren und den Saft auspressen. 50 ml abmessen und mit den Kirschen, dem Gelierzucker und dem Vanillezucker in einem Topf mischen und zugedeckt etwa 2 Stunden ziehen lassen.

2 Die Gläser samt Deckeln sterilisieren (siehe S. 118/119) und kopfüber auf einem sauberen Küchentuch abtropfen lassen.

3 Die Bitterschokolade in sehr feine Stücke hacken. Die Kirschen-Zucker-Mischung unter Rühren langsam zum Kochen bringen. Nach 5 Minuten Kochzeit den Espresso und den Zimt unterrühren. Die Schokoladenstückchen dazugeben und unter Rühren in der Marmelade schmelzen lassen.

4 Die Kirschmarmelade in vorbereitete Gläser füllen und gut verschließen. Bei kühler und dunkler Lagerung hält sich die Marmelade etwa 3 Monate.

FÜR 3–4 GLÄSER À 200 ML

550 g Sauerkirschen
1 Orange
180 g Gelierzucker (3:1)
1 TL Bourbon-Vanillezucker
20 g Bitterschokolade
2 cl frisch gebrühter Espresso
1 Msp. Zimtpulver

FÜR 5–6 GLÄSER (À 200 ML)

1 kg kleine weiße kernlose Weintrauben (z.B. Sultana)
½ Bio-Zitrone
1 EL Zucker
300 ml Moscato d'Asti (ital. Weißwein)
200 g Gelierzucker (3:1)

Weiße Trauben in Moscato-d'Asti-Gelee

ZUBEREITUNG // 25 min // 2 h

1 Die Trauben gründlich waschen, gut abtropfen lassen und die Beeren von den Stielen zupfen. Die Trauben halbieren, 50 g abwiegen und beiseitestellen.

2 Die Zitrone heiß waschen und trocken reiben. Einen Streifen Zitronenschale abschälen. Die restlichen Trauben mit der Zitronenschale und dem Zucker in einem Topf mischen und 2 Stunden ziehen lassen.

3 Die Trauben unter Rühren langsam zum Kochen bringen und 4 Minuten kochen lassen. Die Trauben durch ein Sieb abgießen und 500 ml Saft abmessen.

4 Die Zitronenhälfte auspressen und den Saft durch ein Teesieb zum Traubensaft gießen, den Moscato d'Asti und den Gelierzucker dazugeben und zum Kochen bringen. Alles 4 Minuten kochen lassen und eine Gelierprobe machen.

5 Die restlichen halbierten Trauben dazugeben und alles noch einmal aufkochen lassen. Das Wein-Trauben-Gelee in sterilisierte Gläser (siehe S. 118/119) füllen und gut verschließen. Die Gläser während des Abkühlens öfters drehen, damit sich die Trauben gut verteilen. Das Gelee passt auch hervorragend zu (Wild-)Pasteten.

Mein Lieblingsrezept für …

lange Haltbares

RHABARBERKONFITÜRE

FÜR CA. 6 GLÄSER (À 250 ML) // 40 min

1 *1 kg Rhabarber* putzen, waschen und in etwa ½ cm große Stücke scheiden. Mit *500 g Gelierzucker (2:1)* in einem großen Topf mischen. *1 walnussgroßes Stück Ingwer* schälen und fein dazureiben.

2 *100 g Zucker* in einem kleinen Topf karamellisieren lassen und mit *100 ml Sauerkirschsaft oder Rotwein* ablöschen und auf die Hälfte einkochen lassen. *1 Vanilleschote* längs halbieren, das Mark herauskratzen und zum Karamell geben.

3 Das Karamell zur Rhabarber-Zucker-Mischung geben, unter Rühren aufkochen und 5 Minuten kochen lassen.

4 Die Rhabarberkonfitüre in sterilisierte Einmachgläser (siehe S. 118/119) füllen, gut verschließen und etwa 10 Minuten auf die Deckel stellen. Umdrehen und vollständig auskühlen lassen.

Kirschröster mit Zitronenzesten

FÜR 2 GLÄSER (À 500 ML)

¼ Bio-Zitrone
1 Orange
1 Vanilleschote
550 g Einmachzucker
550 ml Kirschsaft (oder Rotwein)
2 Zimtstangen
4 Nelken
1 cl Kirschwasser
1,4 kg Sauerkirschen

ZUBEREITUNG // 30 min // 20 min // 14 d

1 Die Gläser samt Deckeln sterilisieren (siehe S. 118/119) und kopfüber auf einem sauberen Küchentuch abtropfen lassen.

2 Die Zitrone heiß waschen und trocken reiben. Die Schale mit dem Sparschäler dünn abschneiden. Die Orange halbieren, auspressen und 50 ml Saft abmessen. Die Vanilleschote der Länge nach aufschneiden und das Mark herauskratzen.

3 Den Zucker in einen großen Topf geben und bei mittlerer Hitze karamellisieren. Mit dem Orangen- und dem Kirschsaft ablöschen, die Zitronenschale, das Vanillemark und die -schote, die Zimtstangen und die Nelken dazugeben und den Sud 2 bis 3 Minuten kochen lassen. Das Kirschwasser unterrühren und den Sud abkühlen lassen. Die ganzen Gewürze entfernen.

4 Den Backofen auf 100 °C vorheizen. Eine ofenfeste Form etwa zur Hälfte mit Wasser füllen und beiseitestellen. Die Kirschen waschen und gut abtropfen lassen. Die Früchte entstielen, halbieren und entsteinen. Von den Kirschen 1,2 kg abwiegen, in die vorbereiteten Gläser schichten, mit dem Gewürzsud aufgießen und die Gläser verschließen.

5 Das Kirschkompott im Wasserbad im Backofen 20 Minuten einkochen. Den Kirschröster an einem kühlen und dunklen Ort 2 Wochen ruhen lassen.

TIPP *Der Kirschröster schmeckt solo fantastisch. Süßspeisen wie z.B. Milchreis (siehe S. 128), Topfenknödel, Rohrnudeln sowie viele süße Aufläufe ergänzt er absolut perfekt.*

Dauerbrenner

SAUBERE SACHE

Hitze übersteht kein Keim. Und genau deshalb ist das Sterilisieren von Gläsern, Flaschen, Deckeln und Dichtungsringen Pflicht: Damit das Eingekochte auch möglichst lange hält ...

1. WENN'S GUT WERDEN SOLL

Sprachen für das Haltbarmachen früher rein ökonomische Gründe, sind es heute kreative, ökologische und gesundheitliche Aspekte: aus purer Lust am „Werkeln" in der Küche und an gesundem Essen. Damit sich der Aufwand lohnt und Sie das allerbeste Ergebnis erzielen können, sollten Sie lediglich ein paar Dinge berücksichtigen: Achten Sie bei den verwendeten Lebensmitteln vor allem darauf, dass das Obst oder Gemüse Saison hat und nach Möglichkeit aus der Region kommt. Denn nur wenn Äpfel, Aprikosen, Paprikaschoten und Zucchini vor Ort die heimische Sonne „aufsaugen" und vollreif geerntet werden konnten, dann haben Sie das beste Ausgangsprodukt und kommen in den Genuss das natürliche, sortentypische Aroma konservieren zu können. Saisonaler und regionaler Einkauf ist folglich nicht nur gut für den Geschmack, sondern natürlich auch für den Geldbeutel und er schont zugleich die Umwelt.
Wenn Sie eine besondere Aufmerksamkeit auf die Inhaltsstoffe von verarbeiteten Lebensmitteln legen, z.B. wegen einer Lebensmittelunverträglichkeit oder -allergie, und es leid sind, das Kleingedruckte auf den Etiketten penibel zu studieren, dann sollten Sie klassische Basisprodukte selbst zubereiten: Eine selbst eingekochte braune Sauce (siehe S. 35) stellt jedes Bratensaucenpulver in den Schatten, das eigens getrocknete Gemüsebrühpulver (siehe S. 35) jeden Brühwürfel. Das Beste daran: Beide sind mit Sicherheit eines – frei von Geschmacksverstärkern, Farb- und Zusatzstoffen jeglicher Art.

> Gläser sterilisieren

> Gläser abtropfen lassen

2. SO WIRD'S STERIL

Mit kochendem Wasser: Die gespülten Gläser offen auf ein Gitter in einen weiten, tiefen Topf stellen. Den Topf und die Gläser mit kochendem Wasser befüllen und etwa 10 Minuten kochen lassen. Am besten kalkfreies Wasser dafür verwenden, sonst legt sich unter Umständen nach dem Trocknen ein feiner Kalkschleier auf die Gläser. Die ausgekochten Gläser aus dem Topf heben, das Wasser ausleeren und die Gläser kopfüber auf einem sauberen Küchentuch abtropfen lassen. Mit den Deckeln in einem separaten Topf ebenso verfahren. Ein Backblech vorbereiten und die ausgekochten Gläser und Deckel bei 100 °C im Backofen 15 Minuten trocknen lassen. Den Backofen nach dieser Zeit ausschalten und die Gläser bis zum Befüllen im Ofen stehen lassen. Gummiringe ebenfalls 10 Minuten sterilisieren, herausnehmen und auf einem Küchentuch kurz abtropfen lassen. So bleiben die Gummiringe elastisch und trocknen nicht aus.

> Gummiringe sterilisieren

> Heiß einfüllen und verschließen

3. OHNE TROPFEN UND KLECKERN

Sind die Konfitüre, das Gelee oder der Eierlikör fertiggestellt, dann wird eingefüllt. Am besten ist es, wenn die vorbereiteten Gläser oder Flaschen dabei rutschfest auf einem feuchten Küchentuch stehen und noch leicht warm sind. Da Flaschen und Gläser nur vollkommen dicht verschlossen werden können, wenn die Glasränder absolut sauber sind, hat Zielgenauigkeit beim Einfüllen allerhöchste Priorität. Flüssigkeiten wie Säfte und Liköre lassen sich am besten mit einem Haushaltstrichter abfüllen. Konfitüren, Chutneys & Co. mit einer sogenannten Einfüllhilfe, die einem Trichter ähnelt, aber einen viel größeren Durchmesser hat. Schöpflöffelweise lässt sich die heiße Masse in die Gläser füllen. Und zwar bis knapp unter den Rand, das verhindert zusätzlich Keimbildung. Sofort verschließen und die Schraub- oder Bügelgläser etwa 10 Minuten auf den Kopf stellen. Beim anschließenden Abkühlen bildet sich ein Vakuum im Inneren, das dafür sorgt, dass weder etwas aus den Gläsern bzw. Flaschen herausläuft, noch etwas Unerwünschtes hineinkommt. Und: Auch bei der Entnahme gilt das „Reinlichkeits-Gebot".

vegan

Hanf-Protein-Müsliriegel

FÜR 14 MÜSLIRIEGEL

30 g Chiasamen
100 g Mandeln
150 g Haferflocken
40 g Sesamsamen
130 g Rosinen
40 g Kokosraspel
30 g Blaumohn
2 TL Zimtpulver
30 g getrocknete Goji-Beeren
½ TL Fleur de Sel
60 g Hanf-Protein-Pulver (aus dem gut sortierten Bioladen oder im Onlineshop)
3 sehr reife Bananen
Mark von 1 Vanilleschote
4 EL flüssiges natives Kokosöl
45–75 g Ahornsirup (je nach Reife der Banane)
natives Kokosöl für die Form

ZUBEREITUNG // 30 min // 25 min

1 Den Backofen auf 180 °C vorheizen. Die Chiasamen in 100 ml Wasser einweichen. Inzwischen die Mandeln fein hacken. Mandeln, Haferflocken und Sesam separat in einer Pfanne ohne Fett goldbraun rösten und in eine große Schüssel geben. Rosinen, Kokosraspel, Mohn, Zimt, Goji-Beeren, Fleur de Sel und Hanf-Protein-Pulver dazugeben und alles mischen.

2 Die Bananen schälen und in grobe Stücke schneiden. Mit dem Vanillemark, dem Kokosöl, dem Ahornsiup und den eingeweichten Chiasamen mit der Flüssigkeit in einem hohen Rührbecher mit dem Stabmixer pürieren. Das Püree mit den trockenen Zutaten verkneten.

3 Die Masse in einer gefetteten ofenfesten Form (36 × 12 cm) verteilen und glatt streichen. Im Ofen auf der mittleren Schiene 20 bis 25 Minuten backen, sodass die Ecken leicht gebräunt sind.

4 Herausnehmen, in 1½ cm breite Müsliriegel schneiden und auf einem Ofengitter abkühlen lassen. Die Hanf-Protein-Müsliriegel sollten am besten luftdicht verschlossen im Kühlschrank gelagert werden. Sie lassen sich aber auch sehr gut portionsweise einfrieren. Für die Zubereitung der Müsliriegel auf einem großen Backblech benötigt man die doppelten Zutatenmengen.

TIPP *Diese köstlichen Riegel sind ein richtiges Super-Food für unterwegs und ideal für Sportler. Sie enthalten viele gesunde Zutaten und sind reich an Nährstoffen und Proteinen.*

GESCHENKE AUS DER KÜCHE

Haferplätzchen mit Sultaninen

FÜR CA. 30 STÜCK

225 g Butter
125 g weißer Zucker
1 EL Vanillezucker
½ TL Salz
75 g Kokosblütenzucker
(alternativ brauner Zucker)
1 TL Zimtpulver
2 Eier
320 g kernige Haferflocken
50 g Sultaninen
300 g Mehl
1 TL Natron

ZUBEREITUNG // 20 min // 15 min

1 Den Backofen auf 175 °C vorheizen und ein Backblech mit Backpapier belegen. Die Butter in einem kleinen Topf bei schwacher Hitze zerlassen. Etwas abkühlen lassen und in einer Rührschüssel mit dem weißen Zucker, Vanillezucker, Salz, Kokosblütenzucker und Zimtpulver verquirlen. Die Eier nacheinander unterrühren.

2 Die Haferflocken, die Sultaninen, das Mehl und das Natron hinzufügen und rasch unter den Teig kneten.

3 Vom Teig mit einem Löffel gleich große Portionen abnehmen, zu Kugeln formen und auf dem vorbereiteten Backblech flach drücken. Im Ofen auf der mittleren Schiene 10 bis 15 Minuten hellbraun backen. Danach sofort vom Blech nehmen und auf einem Kuchengitter auskühlen lassen.

4 Die Plätzchen im Stapel hübsch verpacken, z.B. in Cellophantütchen, und mit einem Geschenkband verschließen.

TIPP *Diesen Grundteig können Sie nach Lust und Laune variieren, z.B. indem Sie die Sultaninen durch 50g Zartbitter-Schokotropfen, gehackte Cranberrys oder gehackten kandierten Ingwer ersetzen. Eine besonderes Aroma bekommen die Cookies mit 1 TL Lebkuchengewürz, etwas geriebener Tonkabohne oder 1 TL abgeriebene Bio-Orangenschale.*

ruck, zuck
fertig

Chocolate Chunk Cookies
als Mischung im Glas

ZUBEREITUNG // 30 min // 12 min // 1 h

1 Als Geschenk die trockenen Zutaten in der unten genannten Reihenfolge in ein hübsches Bügelglas füllen und nach Wunsch mit einer Ausstechform und dem handgeschriebenen Rezept versehen.

2 Für die Zubereitung in einer Rührschüssel das Mehl mit den Haferflocken und dem Zucker mischen. Die Walnüsse fein mahlen. Die beiden Schokoladensorten fein hacken und alles zur Mehlmischung geben.

3 In die Mitte eine Mulde drücken, die Eier, die Sahne und die Butter in kleinen Stücken hinzufügen und alles mit den Händen rasch zu einem glatten Teig verkneten. Falls nötig, noch etwas Mehl oder Sahne dazugeben. Den Teig zu einer Rolle formen, in Frischhaltefolie wickeln und mindestens 1 Stunde kühl stellen.

4 Den Backofen auf 190 °C vorheizen. Ein Backblech mit Backpapier belegen. Den Teig mit einem Messer in 5 mm dicke Scheiben schneiden und mit ausreichend Abstand auf das Backblech legen. Im Ofen auf der mittleren Schiene 10 bis 12 Minuten goldgelb backen, herausnehmen und auf einem Kuchengitter auskühlen lassen.

FÜR CA. 25 STÜCK

Trockene Zutaten
- 100 g Mehl
- 100 g Haferflocken
- 100 g brauner Zucker
- 80 g Walnusskerne
- 50 g Zartbitterschokolade
- 25 g weiße Schokolade

Außerdem
- 2 Eier
- 2–3 EL Sahne
- 100 g Butter

FÜR 4 WECKGLÄSER (À 500 ML)

Für den Teig

je 50 g Sonnenblumenkerne, Kürbiskerne und Leinsamen
250 g Weizenvollkornmehl
250 g feiner Weizenvollkornschrot
1 geh. TL Salz
150 g Naturjoghurt
400 g Buttermilch
90 g Zuckerrübensirup
1 Würfel frische Hefe (42 g)

Außerdem

Butter und Haferflocken für die Gläser

Dunkles Körnerbrot im Weckglas

ZUBEREITUNG // 20 min // 2 h // 2 h 30 min // 30 min

1 Die Sonnenblumenkerne, die Kürbiskerne und den Leinsamen in einer Schüssel mit 150 ml kochendem Wasser übergießen und zugedeckt 2 Stunden quellen lassen.

2 Die Gläser innen dick mit Butter einfetten, Innenwände und Boden mit Haferflocken ausstreuen. Mehl und Weizenschrot mit dem Salz in einer großen Schüssel mischen, darauf die eingeweichten Samen und den Joghurt geben. Buttermilch und Zuckerrübensirup bei schwacher bis mittlerer Hitze unter Rühren lauwarm erhitzen. Vom Herd nehmen, die Hefe hineinbröckeln und 10 Minuten gehen lassen. Anschließend zur Mehlmischung geben und alles mit einem Holzlöffel gut verrühren. Den Teig in die Gläser füllen, sodass sie bis gut über die Hälfte gefüllt sind.

3 Den Teig in den Gläsern 15 bis 20 Minuten gehen lassen (dazu am besten die Deckel auflegen). Den Backofen auf 160 °C vorheizen. Die Gläser (ohne Deckel) im Ofen auf einem Gitterrost auf der mittleren Schiene 2 bis 2 ½ Stunden dunkelbraun und fest backen. Im ausgeschalteten Ofen fast vollständig auskühlen lassen. Die Körnerbrote entweder verschlossen verschenken oder mithilfe eines Messers am Rand entlang von den Gläsern lösen und herausstürzen.

Milchreis auf Erdbeerkompott

ZUBEREITUNG // 20 min // 30 min

1 Die Vanilleschote der Länge nach aufschneiden und das Mark herauskratzen. Das Vanillemark und die -schote mit der Milch, dem Zucker und 1 Prise Salz in einem Topf aufkochen und den Reis einstreuen. Bei schwacher Hitze zugedeckt etwa 30 Minuten ausquellen lassen.

2 Den Milchreis zwischendurch umrühren und bei Bedarf noch ein wenig Milch hinzufügen. Beiseitestellen und offen unter gelegentlichem Rühren abkühlen lassen. Die Vanilleschote wieder entfernen.

3 Die Erdbeeren waschen, putzen und in Stücke schneiden. In einem Topf mit dem Kirsch- und dem Zitronensaft aufkochen. Die Stärke mit wenig kaltem Wasser anrühren und das Kompott damit leicht binden. Abkühlen lassen und in vier Gläser mit Deckel füllen.

4 Den Milchreis daraufsetzen und bis zum Servieren verschlossen im Kühlschrank aufbewahren. Hält sich 3 bis 4 Tage.

Tipp: Rühren Sie am Ende der Garzeit 50 g Nougat oder Weiße Schokolade unter den Milchreis und lassen Sie den Zucker weg.

FÜR 4 PERSONEN

1 Vanilleschote
ca. ½ l Milch
50 g Zucker
Salz
120 g Milchreis
250 g Erdbeeren
100 ml Kirschsaft
Saft von ½ Zitrone
½–1 TL Speisestärke

FÜR 1 EINMACHGLAS (CA. 1 L)

1 Vanilleschote
1 Zitrone
200 ml trockener Weißwein
1 Zimtstange
2–3 Sternanis
200 g Zucker
1 kg Äpfel

Apfelkompott mit Sternanis

ZUBEREITUNG // 25 min

1 Das Einmachglas samt Deckel sterilisieren (siehe S. 118/119) und kopfüber auf einem sauberen Küchentuch abtropfen lassen.

2 Die Vanilleschote längs aufschneiden. Die Zitrone halbieren und den Saft auspressen. Den Zitronensaft mit etwa 150 ml Wasser, Wein, Zimt, Sternanis, aufgeschlitzter Vanilleschote und Zucker in einem großen Topf zum Kochen bringen.

3 Die Äpfel vierteln, schälen und die Kerngehäuse entfernen. Die Apfelviertel in Spalten schneiden. In den Sud geben, erneut zum Kochen bringen und bei schwacher Hitze 2 bis 3 Minuten köcheln lassen. Die Äpfel mit einem Schaumlöffel aus dem Sud heben und in das vorbereitete Glas füllen.

4 Den Sud aufkochen und mit den Gewürzen über die Äpfel gießen, sodass das Glas bis zum Rand gefüllt ist und die Äpfel bedeckt sind. Gut verschließen, das Apfelkompott vollständig auskühlen lassen und kühl lagern.

Mein Lieblingsrezept für…
ein Geschenk aus der Küche

PFIRSICHSENF MIT ZIMT

FÜR 4 GLÄSER (À 250 ML)

25 min // 1 h

1 *1,2 kg reife Pfirsiche* waschen, halbieren, entsteinen und das Fruchtfleisch klein schneiden. *1 Zitrone* halbieren und den Saft auspressen.

2 Die Pfirsiche mit *350 g Gelierzucker (3:1)*, dem Zitronensaft, *2 EL gelbem Senfpulver* und *1 TL Zimtpulver* mischen und 30 Minuten ziehen lassen.

3 Die Mischung mit dem Stabmixer im Topf fein pürieren, aufkochen und 5 Minuten kochen lassen.

4 Den Pfirsichsenf mit einer Einfüllhilfe in sterilisierte Einmachgläser (siehe S. 118/119) füllen, gut verschließen und 30 Minuten auf die Deckel stellen. Umdrehen und vollständig auskühlen lassen.

5 Die Gläser nach dem Abkühlen dekorativ verpacken (siehe S. 142/143), z.B. mit hübschen Stoffresten oder Packpapier, das man mit Paketschnur oder Geschenkband um die Deckel bindet. Die Gläser nach Belieben z.B. mit handgeschriebenen Etiketten bekleben oder mit Geschenkanhängern versehen.

Für Dich
Pfirsich senf

Eierlikör mit Rum und Vanille

ZUBEREITUNG // ⏱ 30 min

1 Die Eigelbe mit dem Zucker und dem Vanillezucker in einer Metallschüssel mit den Quirlen des Handrührgeräts verrühren. Die Milch langsam dazugießen und die Eimasse im heißen Wasserbad cremig rühren.

2 Eine Glasflasche (750 ml Inhalt) mit Bügel- oder Schraubverschluss bzw. eine hübsche Glaskaraffe sterilisieren (siehe S. 118/119) und kopfüber stehend auf einem sauberen Küchentuch gut abtropfen lassen.

3 Den Rum nach und nach unterrühren. Die Eiercreme abkühlen lassen und durch ein feines Sieb in die Flasche oder Karaffe abfüllen. Gut verschließen und bis zum Verzehr im Kühlschrank aufbewahren.

4 Gekühlt und dunkel aufbewahrt hält sich der Eierlikör etwa 1 Woche.

Tipp: Eierlikör lässt sich auch mit anderen Aromen versetzen, z.B. mit 30 g Nougat und ½ TL Salz oder man lässt 2 TL schwarzen Tee in der Milch ziehen.

FÜR CA.750 ML EIERLIKÖR

5 Eigelb
125 g Puderzucker
2 EL Vanillezucker
350 ml Milch
¼ l weißer Rum
(54–70 % Alkohol)

FÜR 4 FLASCHEN (À CA. 250 ML)

250 g Süßkirschen
200 g weißer Kandiszucker
800 ml Weinbrand

Kirschlikör aus Süßkirschen

ZUBEREITUNG // 25 min // 6 m

1 Ein großes Einmachglas (1 l Inhalt) samt Deckel sterilisieren (siehe S. 118/119) und kopfüber auf einem sauberen Küchentuch gut abtropfen lassen.

2 Die Kirschen waschen, entstielen, halbieren und entsteinen. Die Kirschkerne mit einem Hammer zerschlagen und in das vorbereitete Einmachglas geben. Die Kirschen und den Kandiszucker dazugeben. Mit dem Weinbrand auffüllen. Das Glas verschließen und den Likör an einem kühlen und dunklen Ort etwa 8 Wochen ziehen lassen.

3 Die kleinen Flaschen samt Deckel sterilisieren und abtropfen lassen.

4 Den Kirschlikör z.B. durch einen Kaffeefilter filtern und mithilfe eines Trichters in die vorbereiteten Flaschen füllen, gut verschließen und nochmals etwa 4 Monate reifen lassen.

für Kenner

Gewürznüsse

FÜR 4–6 PERSONEN

1–2 TL Salz
½ TL mildes Chilipulver
2 geh. TL mildes Currypulver
½ TL Paprikapulver (edelsüß)
50 g Zucker
1 Eiweiß
300 g gemischte Nüsse und Kerne (z.B. Cashew-, Pekan-, Para-, Macadamia-, Walnüsse, Mandeln, Pistazienkerne)

ZUBEREITUNG // 25 min // 25 min

1 Den Backofen auf 140 °C (Umluft) vorheizen. Das Salz mit dem Chili-, Curry- und Paprikapulver sowie dem Zucker mischen. Das Eiweiß halb steif schlagen. Zunächst die Gewürzmischung und dann die Nüsse, Mandeln und Pistazien untermischen.

2 Die Masse gleichmäßig auf einem mit Backpapier belegten Backblech verteilen. Die Gewürznüsse im Ofen auf der mittleren Schiene 20 bis 25 Minuten goldbraun backen, dabei zwischendurch wenden.

3 Aus dem Ofen nehmen und auskühlen lassen. Die Gewürznüsse voneinander trennen und in gut verschließbare Dosen oder Schraubgläser füllen. So halten sie sich mehrere Wochen.

Marzipankartoffeln

FÜR CA. 30 STÜCK

300 g Marzipanrohmasse
150 g Puderzucker
Puderzucker für die Arbeitsfläche
1 EL Kakaopulver

ZUBEREITUNG // 25 min // 12 h

1 Am Vortag das Marzipan mit 120 g Puderzucker gut verkneten. Die Marzipanmasse auf der mit Puderzucker bestäubten Arbeitsfläche zu etwa daumendicken Rollen formen. Von den Rollen knapp 2 cm lange Stücke abschneiden und mit den Händen zu kleinen Kugeln formen. Die Marzipankugeln über Nacht leicht antrocknen lassen.

2 Am nächsten Tag den restlichen Puderzucker und das Kakaopulver mischen und auf ein Küchentuch sieben. Die Marzipankartoffeln portionsweise darin einschlagen und vorsichtig rollen, bis sie rundum mit der Kakaomischung überzogen sind.

Mini-Gugelhupfe mit Himbeeren

ZUBEREITUNG // 30 min // 15 min

1 Die Himbeeren auftauen. Den Backofen auf 180 °C vorheizen. Eine Mini-Gugelhupfform (mit 18 Vertiefungen) einfetten und mit Mehl ausstäuben.

2 Die Butter mit dem Zucker und dem Orangenzucker in einer Schüssel mit den Quirlen des Handrührgeräts schaumig rühren. Mehl, Mandeln, das Backpulver und das Natron mischen und unter die Butter-Zucker-Masse rühren. Nacheinander die Eier untermischen.

3 Die Himbeeren in einem hohen Rührbecher mit dem Stabmixer fein pürieren. Das Himbeerpüree unter den Teig mischen. Den Teig in die Vertiefungen füllen und im Ofen auf der mittleren Schiene etwa 15 Minuten backen. Die Mini-Gugelhupfe herausnehmen, abkühlen lassen und aus der Form lösen.

4 Die Mini-Gugelhupfe nach Belieben in Pralinenförmchen setzen und mit Puderzucker bestäubt servieren.

FÜR 18 STÜCK

150 g Himbeeren (tiefgekühlt)
Butter und Mehl für die Form
120 g weiche Butter
80 g Zucker
3 EL Orangenzucker (selbst gemacht oder aus der Backwarenabteilung)
180 g Mehl
70 g geschälte, gemahlene Mandeln
2 TL Backpulver
1 Msp. Natron
4 Eier
Puderzucker zum Bestäuben

FÜR ETWA 20 STÜCK

Für die kandierten Blüten

2 Eiweiß

ca. 20 ungespritzte Blütenblätter (z.B. Rosen oder Stiefmütterchen)

100 g Zucker

Für den Biskuit

4 Eier (getrennt) · 125 g Zucker · Salz

100 g Mehl · 50 g Speisestärke

2 TL Weinsteinbackpulver

60 g zerlassene Butter (abgekühlt)

Für die Füllung

ca. 200 g Johannisbeergelee

ca. 200 g Erdbeerkonfitüre

Für die Glasur

200 g Puderzucker

Petits Fours mit Blüten

ZUBEREITUNG // 50 min // 25 min // 12 h

1 Blüten: Eiweiße cremig schlagen. Die gesäuberten Blüten in das Eiweiß tauchen, in Zucker wenden, auf Pergamentpapier legen und über Nacht trocknen lassen (oder bei 50 °C im Backofen etwa 1 Stunde trocknen lassen).

2 Biskuit: Eigelbe mit 5 bis 6 EL warmem Wasser schaumig rühren. Den Zucker einrieseln lassen und so lange rühren, bis die Masse weißschaumig ist. Eiweiße mit 1 Prise Salz steif schlagen und vorsichtig unter die Masse heben. Mehl, Speisestärke und Backpulver sieben und ebenfalls unterheben. Die zerlassene und abgekühlte Butter zum Schluss ganz locker unterrühren.

3 Ein Backblech mit Backpapier belegen. Die Masse darauf gleichmäßig glatt streichen. Den Biskuit im Ofen bei 180 °C auf der mittleren Schiene etwa 25 Minuten backen. Herausnehmen, stürzen und das Backpapier abziehen. Die Teigplatte abkühlen lassen. Dann den Biskuit in etwa 4 × 4 cm große Quadrate schneiden. Je 3 Quadrate übereinanderlegen und zwischen die Schichten jeweils 1 bis 1½ TL Gelee und Konfitüre streichen.

4 Glasur: Puderzucker mit 2 EL lauwarmem Wasser verrühren und evtl. mit Speisefarbe färben. Petits Fours rundum damit bestreichen und mit je 1 kandierten Blüte garnieren.

Trüffelstäbchen mit Orangenblütenöl

FÜR CA. 60 STÜCK

530 g Vollmilchkuvertüre
60 g Zartbitterkuvertüre
120 g weiche Butter
5 EL Orangenlikör (z.B. Cointreau)
100 g Sahne
3 EL Läuterzucker
ca. 10 Tropfen Orangenblütenöl
250 g Puderzucker

ZUBEREITUNG // ⏲ 35 min // ⏸ 12 h

1 Vortag: 230 g Vollmilchkuvertüre und die Zartbitterkuvertüre hacken und im warmen Wasserbad schmelzen. Weiche Butter mit der geschmolzenen Kuvertüre glatt rühren. Likör, Sahne, Läuterzucker und Orangenblütenöl dazugeben und verrühren.

2 Die Trüffelmasse abkühlen lassen, in einen Spritzbeutel mit Lochtülle (1 cm Ø) füllen und etwa 25 cm lange Stangen auf Backpapier spritzen. An einem kühlen Ort (nicht im Kühlschrank) über Nacht fest werden lassen. Am nächsten Tag mit einem Messer in 2 bis 3 cm lange Stücke schneiden.

3 Restliche Vollmilchkuvertüre im Wasserbad schmelzen, die Trüffelstäbchen hineintauchen und dann im Puderzucker wälzen. Sobald die Kuvertüre fest ist, die Stäbchen in ein Sieb geben und den überschüssigen Puderzucker abschütteln.

Rosenblütenspitzen

FÜR CA. 60 STÜCK

360 g Zartbitterkuvertüre
230 g Vollmilchkuvertüre
120 g weiche Butter
5 EL Kirschwasser
100 g Sahne
3 EL Läuterzucker
ca. 7 Tropfen Rosenöl
¼ TL gemahlener Pfeffer

Außerdem

ca. 50 g Kakaopulver
ca. 60 Zuckerperlen

ZUBEREITUNG // ⏲ 40 min // ⏸ 12 h

1 Vortag: 100 g Zartbitterkuvertüre im Wasserbad schmelzen und auf einem Bogen Backpapier dünn verstreichen. Sobald die Kuvertüre wachsweich ist, mit einem runden Ausstecher 60 Kreise (à 2 cm Ø) ausstechen.

2 Die Vollmilchkuvertüre und 60 g Zartbitterkuvertüre hacken und im warmen Wasserbad schmelzen. Die weiche Butter nach und nach mit der Kuvertüre glatt rühren. Dann Kirschwasser, Sahne, Läuterzucker, Rosenöl und Pfeffer dazugeben und alles zu einer glatten Masse verrühren und etwas abkühlen lassen.

3 Trüffelmasse in einen Spritzbeutel mit mittlerer Sterntülle füllen und Spitzen auf die Schokokreise spritzen. Über Nacht an einem kühlen Ort ruhen lassen. Am nächsten Tag restliche Zartbitterkuvertüre schmelzen, die Rosenblütenspitzen damit überziehen, mit Kakao bestäuben und mit je 1 Zuckerperle verzieren.

Kalt gerührte Kiwimarmelade

mit Bananen

ZUBEREITUNG // 40 min // 8 h

1 Die Gläser samt Deckeln sterilisieren (siehe S. 118/119) und kopfüber auf einem sauberen Küchentuch abtropfen lassen.

2 Die Orange auspressen. Die Bananen schälen, 170 g Fruchtfleisch abwiegen und in kleine Stücke schneiden. Die Bananenstücke in einer Schüssel mit dem Orangensaft mischen.

3 Die Kiwis schälen und der Länge nach vierteln. Den harten Mittelstrunk entfernen und 200 g Fruchtfleisch abwiegen. Das Kiwifruchtfleisch ebenfalls in kleine Stücke schneiden und mit dem Gelierzucker zu den Bananen geben. Alles mit einer Gabel oder dem Kartoffelstampfer etwas zerdrücken.

4 Die Früchte-Zucker-Mischung mit dem Handrührgerät oder in der Küchenmaschine etwa 15 Minuten verrühren, bis eine cremige Masse entstanden ist.

5 Den Rum und die Kokosraspel unter die Kiwi-Bananen-Marmelade rühren, in vorbereiteten Gläser füllen und gut verschließen. Die Marmelade 6 bis 8 Stunden im Kühlschrank ruhen lassen. Sie hält sich im Kühlschrank höchstens 8 Tage.

FÜR 3–4 GLÄSER (À 200 ML)

½ Orange
260 g Bananen
230 g Kiwis
120 g Gelierzucker (3:1)
2 cl brauner oder weißer Rum
1 EL frische Kokosraspel

das ist unser Liebling

FÜR 4–5 GLÄSER (À 200 ML)

- 900 g Brombeeren
- 5 Nelken
- 2 Zimtstangen
- 300 g Gelierzucker (3:1)
- ½ TL Honig
- 50 g Mandelblättchen
- 40 g Bourbon-Vanillezucker

Kalt gerührte Brombeermarmelade mit Mandeln

ZUBEREITUNG // 40 min // 2 h 30 min // 8 h

1 Die Brombeeren verlesen, abbrausen und vorsichtig trocken tupfen. Die Brombeeren in einer Schüssel mit einer Gabel oder dem Kartoffelstampfer etwas zerdrücken.

2 Nelken und Zimtstangen in einen Einweg-Teefilter geben, mit Küchengarn zubinden und zu den zerdrückten Beeren legen. Den Gelierzucker untermischen und alles etwa 2½ Stunden zugedeckt ziehen lassen.

3 Das Gewürzsäckchen entfernen. Die Brombeermasse und den Honig mit dem Handrührgerät oder in der Küchenmaschine 15 bis 20 Minuten verrühren, bis eine cremige Masse entstanden ist. Falls die Masse zu flüssig ist, etwa 1 schwach gehäuften TL Apfelpektin (aus dem Reformhaus) dazugeben.

4 Die Mandelblättchen in einer Pfanne ohne Fett bei mittlerer Hitze hellbraun anrösten. Den Vanillezucker darüberstreuen und unter Rühren goldgelb karamellisieren. Die Mandeln unter die Marmelade rühren. Die Brombeermarmelade in vorbereitete Gläser (siehe S. 118/119) füllen und gut verschließen. Die Marmelade im Kühlschrank bis zum Verzehr 6 bis 8 Stunden ruhen lassen. Sie hält sich im Kühlschrank aufbewahrt etwa 1 Woche.

6
1
2
2
COOKIES
4

Verpackung

Eine liebevoll gestaltete Verpackung und der selbst gemachte Inhalt sorgen im Handumdrehen für ein kreatives und individuelles Geschenk. Viele unterschiedliche Materialien und Inspirationen tragen dazu bei.

1_**BÜGELFLASCHEN** aus Glas oder Porzellan verschließen Flüssigkeiten luftdicht. Letztere schützen vor allem lichtempfindliche Öle vor raschem Verderb.

2_**BÜGEL- ODER SCHRAUBGLÄSER** werden zum Hingucker, wenn man die Deckel mit Stücken aus Papierservietten, Stoff oder Papier überzieht und festbindet. Den Holzlöffel am besten gleich mitliefern.

3_**METALLDOSEN** sind für Pralinen & Co. ideal, denn sie sorgen dafür, dass den druckempfindlichen Einzelstücken nichts zustößt.

4_**CELLOPHANTÜTEN** stellen ganz offen zur Schau, was in ihnen steckt. Prima für kleine Gebäckstücke, stapelbare Kekse oder für getrocknete Apfelscheiben.

5_**PAPIERVERPACKUNGEN**: Tütchen für Gewürzmischungen, als Karton für Kekse oder Pralinen. Zum hübschen Beschriften geeignet.

6_**ANHÄNGER** und Etiketten lassen Raum für persönliche Notizen, Geschenkbänder bringen Farbe und Leben ins Spiel.

HAUSGEMACHT WELTWEIT

Paprikamus (Ajvar) mit Tomaten

FÜR 3 GLÄSER (À CA. 300 ML)

4 rote Paprikaschoten
1 grüne Paprikaschote
1 rote Peperoni
3 Knoblauchzehen
1 Zwiebel
250 g Tomaten
8 EL Olivenöl
Salz · Pfeffer aus der Mühle
1 TL Paprikapulver (edelsüß)
1 TL Zitronensaft

ZUBEREITUNG // 25 min // 15 min

1 Die Einmachgläser samt Deckeln sterilisieren (siehe S. 118/119) und kopfüber auf einem sauberen Küchentuch abtropfen lassen.

2 Den Backofengrill einschalten. Die Paprikaschoten längs vierteln, entkernen und waschen. Die Paprikaviertel unter dem Backofengrill auf der obersten Schiene etwa 8 Minuten garen, bis die Haut dunkel wird und Blasen wirft. Die Paprikaschoten mit einem feuchten Küchentuch bedecken und abkühlen lassen. Die Schoten häuten.

3 Inzwischen die Peperoni längs halbieren, entkernen, waschen und in feine Würfel schneiden. Den Knoblauch schälen und fein hacken. Die Zwiebel schälen und in Würfel schneiden. Die Tomaten kreuzweise einritzen, überbrühen, kalt abschrecken, häuten, vierteln und entkernen. Das Fruchtfleisch in feine Würfel schneiden.

4 Das Olivenöl in einem Topf erhitzen und Knoblauch, Zwiebel und Peperoni darin unter Rühren anbraten. Die Tomatenwürfel und die Paprikaviertel dazugeben. Einmal aufkochen und mit Salz, Pfeffer, Paprikapulver und Zitronensaft abschmecken.

5 Alles im Küchenmixer oder mit dem Stabmixer grob zerkleinern, aber nicht zu fein pürieren. Das Mus sollte noch leicht stückig sein. Dann nochmals aufkochen. Das Paprikamus in die vorbereiteten Gläser füllen, gut verschließen und vollständig auskühlen lassen. Hält sich gut 6 Monate.

TIPP *Wenn Sie das Rezept zubereiten und dabei die Paprikaschoten klein schneiden und je 100 g Tomatenmark, Paprikamark und 1/4 l Wasser dazugeben und das Gemüse nicht pürieren, dann erhalten Sie Ungarisches Letscho.*

Vitaminbombe

Pesto alla genovese

ZUBEREITUNG // 20 min

1 Die Pinienkerne in einer Pfanne ohne Fett goldbraun rösten. Herausnehmen und abkühlen lassen. Das Basilikum waschen und trocken schütteln. Die Blätter abzupfen und fein schneiden.

2 Das Basilikum und etwas Olivenöl im Blitzhacker oder mit dem Stabmixer kurz pürieren. Die Pinienkerne und etwas Salz hinzufügen und alles fein pürieren. Den Käse und so viel Olivenöl unterrühren, bis das Pesto die gewünschte Konsistenz hat. Mit Salz und Pfeffer abschmecken. Die Knoblauchzehe schälen, ins Pesto geben und darin ziehen lassen.

Variationen: Pesto kann man vielseitig abwandeln. Anstelle von Basilikum können Sie auch Petersilie, Minze, Koriander, Rucola oder eine Mischung daraus verwenden. Die Pinienkerne lassen sich durch Mandeln, Walnüsse, Pekannüsse oder Haselnüsse ersetzen, der Pecorino durch Parmesan. In ein Schraubglas abgefüllt und mit Öl bedeckt, hält sich das Pesto im Kühlschrank mehrere Wochen.

FÜR 4 PERSONEN

40 g Pinienkerne
100 g Basilikum
ca. 150 ml Olivenöl
Meersalz
50 g geriebener Pecorino
Pfeffer aus der Mühle
1 Knoblauchzehe

FÜR 4 FLASCHEN (À 200 ML)

1 Zwiebel
3 Knoblauchzehen
2 EL Öl
200 ml Orangensaft
375 g Tomatenketchup
2 EL Apfelessig
4 EL Worcestershiresauce
100 g Rübensirup
2 EL Ahornsirup
Pfeffer aus der Mühle
Cayennepfeffer
Tabasco

BBQ-Sauce mit feiner Schärfe

ZUBEREITUNG // 25 min

1 Die Zwiebel und den Knoblauch schälen und in feine Würfel schneiden. Das Öl in einem Topf erhitzen, Zwiebel und Knoblauch darin 2 bis 3 Minuten andünsten. Mit dem Orangensaft ablöschen. Ketchup, Essig, Worcestershiresauce und Rübensirup unterrühren und alles bei schwacher Hitze 10 bis 15 Minuten köcheln lassen.

2 Ahornsirup unterrühren und die Sauce mit Pfeffer, Cayennepfeffer und Tabasco würzen. Noch heiß in sterilisierte (siehe S. 118/119) Flaschen mit Bügelverschluss füllen, verschließen und abkühlen lassen.

THAI-BBQ-SAUCE: 1 Zwiebel, 3 Knoblauchzehen und 40 g Ingwer schälen, fein würfeln und in 2 EL Öl andünsten. 1 TL rote Currypaste dazugeben und 2 bis 3 Minuten anrösten. Mit 200 ml Orangensaft ablöschen. 2 bis 3 Stängel Zitronengras putzen und flach klopfen. Mit 200 g Ketchup, 40 ml Apfelessig, 240 ml Pflaumensauce, 120 ml Hoisinsauce, 50 ml Worcestershiresauce, 120 ml Sojasauce, 120 g braunem Zucker und 2 EL gehacktem Koriander dazugeben und bei schwacher Hitze 15 bis 20 Minuten köcheln lassen. Zitronengras entfernen und die Sauce heiß in vier sterilisierte Bügelflaschen (à 250 ml) füllen. Verschließen und abkühlen lassen.

Mixed Pickles mit Gewürzen

FÜR 6 GLÄSER (À 750 ML)

400 g kleine Kartoffeln
Salz
400 g Erbsen
400 g Blumenkohl
400 g Silberzwiebeln
400 g rote Paprikaschoten
250 g brauner Zucker
1 Handvoll frisch gehackter Dill
¾ l Kräuteressig
2 TL Senfkörner
6 Pimentkörner
1 TL bunte Pfefferkörner
6 Lorbeerblätter

ZUBEREITUNG // 35 min

1 Die Einmachgläser samt Deckeln sterilisieren (siehe S. 118/119) und kopfüber auf einem sauberen Küchentuch abtropfen lassen.

2 Die Kartoffeln schälen und waschen. In Salzwasser etwa 10 Minuten garen. Die Kartoffeln abgießen und ausdampfen lassen.

3 Das restliche Gemüse, falls nötig, putzen und schälen bzw. waschen und in etwa gleich große Stücke schneiden. Das Gemüse in kochendem Salzwasser etwa 5 Minuten blanchieren. In ein Sieb gießen, dabei den Kochsud auffangen. Das Gemüse kalt abschrecken und abtropfen lassen.

4 Den Kochsud mit Wasser auf 1¾ l auffüllen, braunen Zucker, 60 g Salz, Dill und Essig hinzufügen. Alles aufkochen lassen. Dann vom Herd nehmen und abkühlen lassen.

5 Die Gewürze in die vorbereiteten Gläser verteilen, das Gemüse einschichten, 2 cm Platz zum Glasrand lassen und mit dem abgekühlten Sud aufgießen. Die Gläser gut verschließen und im Einkochtopf etwa 30 Minuten bei 90 °C sterilisieren. Die Mixed Pickles kühl und dunkel lagern.

TIPP *Sie können für die Mixed Pickles nach Belieben auch andere Gemüse nehmen, z.B. grüne Bohnen statt der Erbsen und Möhren anstelle der Kartoffeln. Besonders lecker: Mixed Pickles klein hacken, mit etwas Mayonnaise und Currypulver mischen und zu gekochtem oder gegrilltem Fleisch servieren.*

Entenrillettes mit Zwiebelmarmelade

ZUBEREITUNG // 25 min // 4 h // 2 d

1 Entenrillettes: 1 bis 2 Tage im Voraus die Entenkeulen waschen, trocken tupfen und mit Meersalz und Pfeffer einreiben. Den Ingwer schälen, in feine Würfel schneiden und mit Lorbeerblatt, Zimt, Anis, Chili und Orangenschale im Mörser grob zerstoßen. Die Entenkeulen damit einreiben und zugedeckt im Kühlschrank 1 bis 2 Tage ziehen lassen.

2 Backofen auf 150 °C vorheizen. Die Keulen in eine ofenfeste Form geben. Das Schmalz erhitzen und die Keulen damit übergießen. Zugedeckt im Ofen 3½ bis 4 Stunden schmoren. Das Fleisch vom Knochen lösen, häuten und mit zwei Gabeln in Stücke zupfen. In eine Schale oder kleine Gläser verteilen. Das Bratfett durch ein Sieb darübergießen, bis das Fleisch bedeckt ist. Das restliche Fett beiseitestellen und das Entenrillettes kühl stellen.

3 Zwiebelmarmelade: Schalotten schälen und in dünne Scheiben schneiden. In einer Pfanne 1 EL vom Entenfett erhitzen und die Schalotten darin 3 bis 4 Minuten andünsten. Mit Wein und Saft ablöschen und sirupartig einkochen lassen. Den Majoran waschen, trocken schütteln und die Blätter abzupfen. Das Brot in Scheiben schneiden. Rillettes und etwas Zwiebelmarmelade daraufgeben und mit Majoranblättern bestreuen.

FÜR 4 PERSONEN

Für das Entenrillettes

4 Entenkeulen (à 300–350 g)
Meersalz · Pfeffer aus der Mühle (grob gemahlen)
50 g Ingwer · 1 Lorbeerblatt
1 Zimtstange · 1 Sternanis
1 getrocknete Chilischote
abgeriebene Schale von 1 Bio-Orange
800 g Enten- oder Gänseschmalz

Für die Zwiebelmarmelade

500 g Schalotten
100 ml roter Portwein
200 ml Johannisbeersaft

Außerdem

4 Stiele Majoran
1 kleines Bauernbrot

FÜR 4 GLÄSER (À 125 ML)

400 g Entenleber
2 Zwiebeln
50 g Butter
2 EL Olivenöl
50 ml Cognac
ca. 120 g Sahne
¼ TL Lebkuchengewürz · Salz
1 TL geschroteter bunter Pfeffer

Entenleberpastete mit Pfeffer

ZUBEREITUNG // 20 min

1 Die Einmachgläser samt Deckeln sterilisieren (siehe S. 118/119) und kopfüber auf einem sauberen Küchentuch abtropfen lassen.

2 Die Entenleber waschen, trocken tupfen, von Sehnen befreien und in kleine Stücke schneiden. Die Zwiebeln schälen und in feine Würfel schneiden.

3 Die Butter und das Olivenöl in einer Pfanne erhitzen und die Zwiebelwürfel darin andünsten. Die Entenleber hinzufügen und unter Rühren 3 bis 5 Minuten braten. Den Cognac und die Hälfte der Sahne dazugeben, das Lebkuchengewürz einrühren, alles kurz aufkochen und dann etwas abkühlen lassen.

4 Die Leber-Zwiebel-Mischung in einem hohen Rührbecher mit dem Stabmixer zu einer cremigen Masse pürieren. Bei Bedarf noch etwas Sahne hinzufügen. Mit Salz und dem geschroteten Pfeffer würzen. Die Entenleberpastete in die vorbereiteten Gläser füllen und gut verschließen. Im Kühlschrank aufbewahren und innerhalb weniger Tage verbrauchen.

Hausgebeizter Lachs mit Gurkensalat

FÜR 4 PERSONEN

Für den Lachs

1 Staudensellerie
1 Bio-Zitrone
1 Bio-Orange
1 Bund Dill
4 EL brauner Zucker
3 EL grobes Meersalz
400 g Lachsfilet (mit Haut)
1 Schalotte

Für den Gurkensalat

1 Salatgurke
1 Glas Gewürzgurken
(ca. 190 g Abtropfgewicht)
5 Radieschen
1 rote Zwiebel
2 EL Crème fraîche
1 TL Wasabipaste
(japan. Meerrettich)
Salz · Pfeffer aus der Mühle

ZUBEREITUNG // 30 min // 12 h

1 Für den Lachs den Sellerie putzen, waschen und in kleine Würfel schneiden. Die Zitrusfrüchte heiß waschen und trocken reiben. Die Schale jeweils fein abreiben. Den Dill waschen, trocken schütteln und fein hacken.

2 Sellerie, Zitrusschalen, Dill, braunen Zucker und Meersalz zu einer Beize vermischen. Den Lachs waschen und trocken tupfen. Die Beize in eine große Form (z.B. einen Bräter oder eine rechteckige Auflaufform) geben und den Lachs mit der Fleischseite darauflegen. Den Fisch mit Frischhaltefolie bedecken, ein schweres Brett direkt darauflegen und das Filet über Nacht im Kühlschrank ziehen lassen.

3 Am nächsten Tag den Fisch aus dem Kühlschrank nehmen. Die Beize vom Lachs abschaben und den Fisch schräg von der Haut in dünne Scheiben schneiden.

4 Für den Salat die Gurke schälen und in dünne Scheiben schneiden. Die Gewürzgurken abgießen, abtropfen lassen und ebenfalls in dünne Scheiben schneiden. Die Radieschen putzen, waschen und in kleine Würfel schneiden. Die Zwiebel schälen und in feine Würfel schneiden. Alles in eine Schüssel geben.

5 Die Crème fraîche und die Wasabipaste verrühren und mit Salz und Pfeffer würzen. Das Dressing mit den Gurken mischen und den Salat etwas ziehen lassen.

6 Die Schalotte schälen und in feine Würfel schneiden. Den Lachs auf Teller verteilen und mit den Schalotten bestreuen. Den Gurkensalat abschmecken und daneben anrichten.

TIPP *Es ist sehr einfach den Lachs selber zu beizen und zudem preiswert, da norwegisches Frischlachsfilet im Gegensatz zu den geräucherten und gebeizten Fertigprodukten wenig kostet. Durch das Beizen wird der Lachs haltbar und kann in Frischhaltefolie gewickelt 3 bis 4 Tage im Kühlschrank aufbewahrt werden.*

mit Frische-Kick

Frisch & exotisch

Andere Länder, andere Sitten ... aber ein jedes hat ganz typische hausgemachte Spezialitäten. Hier eine kleine Auswahl aus Europa und Asien.

ZWETSCHGEN-CHUTNEY: *fruchtig & würzig*

1 Ca. 1,5 kg Zwetschgen waschen, trocken reiben und entsteinen. 1,4 kg abwiegen und klein schneiden.

2 150 ml trockenen Rotwein in einem kleinen Topf auf dem Herd bei mittlerer Hitze einköcheln lassen.

3 260 g rote Zwiebeln schälen und in Würfel schneiden. Mit 180 g braunem Zucker in einem Topf mischen und aufkochen. 1 walnussgroßes Stück Ingwer und 3 geschälte, grob gehackte Knoblauchzehen mit 1 Lorbeerblatt, 6 Gewürznelken, 1 Zimtstange und 3 Wacholderbeeren in einen Einweg-Teefilter füllen und zubinden. Mit 100 ml Rotweinessig ablöschen.

4 Die Früchte, das Gewürzsäckchen und je 1 Majoran-, Rosmarin- und Thymianzweig hinzufügen und etwa 30 Minuten einkochen.Nach 15 Minuten den eingekochten Rotwein hinzufügen und das Chutney mit Ingwermus, Wildgewürz, Salz und Pfeffer abschmecken.

BANDNUDELN: aus dem Topf auf den Teller

1 Für den Nudelteig 200 g Mehl und 100 g Hartweizengrieß auf ein Holzbrett häufen. 3 Eier, 2 bis 3 EL Olivenöl und 1 Prise Salz in die Mitte geben. Alle Zutaten mit den Händen zu einem glatten, elastischen Teig verkneten. Den Nudelteig zu einer Kugel formen, in Frischhaltefolie wickeln und im Kühlschrank etwa 30 Minuten ruhen lassen.

2 Nudelteig zunächst in Portionen teilen und diese per Hand mit dem Nudelholz etwas flach ausrollen. Den Teig mehrmals durch die Nudelmaschine führen, dabei den Walzenabstand immer kleiner stellen, bis eine Teigplatte in der gewünschten Dicke entsteht.

3 Die Nudelteigplatten mit dem Bandnudelaufsatz in Bandnudeln schneiden. Oder die Teigplatten in 15 bis 20 cm große Stücke schneiden und diese für Lasagne oder gefüllte Nudeln verwenden.

SUSHI: absolute Frische

1 ½ Nori-Blatt auf die Sushi-Rollmatte legen, den Reis darauf verteilen, dabei einen Rand oben frei lassen. Wasabi als Streifen daraufstreichen, mit Fisch belegen.

2 Das Nori-Blatt mithilfe der Matte von der unteren Längsseite her aufrollen. Den freien Rand leicht befeuchten und an die Rolle drücken. Mit leichtem Druck in Form bringen und in 6 gleich große Stücke schneiden.

California Roll mit Krebsfleisch und Avocado

FÜR 8 ROLLEN (À 6 STÜCKE)

Für den Sushireis

400 g Sushireis

6 EL Reisessig

3 TL Salz

3 TL Zucker

Außerdem

120 g Mayonnaise

1 TL Sesamöl

1 EL Sojasauce

milde Chiliflocken

1 kleine Avocado

½ Salatgurke

200 g Krebsfleisch (vorgegart; oder Surimi)

4 Noriblätter

Wasabipaste

2 EL Tobiko (Fliegenfisch-Kaviar)

2 EL helle Sesamsamen (geröstet)

60 g eingelegter Ingwer

ZUBEREITUNG // 30 min // 20 min // 50 min

1 Für den Reis den Sushireis in einer Schüssel mit Wasser bedecken und mit kreisenden Bewegungen die Stärke abspülen. Diesen Vorgang zwei- bis dreimal wiederholen. Den Reis in einem Sieb 30 Minuten abtropfen lassen. Essig, Salz und Zucker in einem Topf erhitzen und abkühlen lassen.

2 Den Reis in ½ l Wasser aufkochen und zugedeckt bei schwacher Hitze 15 Minuten quellen lassen. Vom Herd nehmen und offen 15 bis 20 Minuten ziehen lassen. Mit der Marinade mischen und mit einem feuchten Tuch bedeckt abkühlen lassen.

3 Mayonnaise mit Sesamöl, Sojasauce und Chiliflocken würzen. Avocado halbieren und den Stein entfernen. Die Hälften schälen und in ½ cm dicke Spalten schneiden. Gurke waschen, längs halbieren, entkernen und in ½ cm dicke Stäbchen schneiden. Krebsfleisch in kleine Stücke zupfen.

4 Die Noriblätter halbieren. Die Bambusmatte mit Frischhaltefolie umwickeln. Eine Blatthälfte darauflegen, 60 bis 80 g Sushireis mit angefeuchteten Händen darauf verteilen und andrücken. Das Noriblatt wenden, sodass der Reis auf der Folie liegt. Das untere Blattdrittel mit etwas Wasabipaste und 1 TL Mayonnaise bestreichen. Darauf einige Avocado-, Gurken- und Krebsfleischstücke geben. Das Blatt mithilfe der Bambusmatte aufrollen und leicht andrücken. Die Matte entfernen. Die restlichen Rollen auf die gleiche Weise herstellen.

5 Vier Rollen in Kaviar und die übrigen Rollen in Sesam wälzen. Jede Rolle in 6 Stücke schneiden. Die California Rolls mit eingelegtem Ingwer und Sojasauce servieren.

TIPP *Sie können die Sushirollen auch mit gegarten Garnelen oder Hummerfleisch füllen. Die Bambusmatte zum Rollen der Sushi erhalten Sie im Asienladen oder im gut sortierten Supermarkt.*

für Kenner

Joghurtbällchen in Öl

ZUBEREITUNG // ⏱ 10 min // ⏸ 1 d

1 Den Joghurt mit dem Salz verrühren und in ein sauberes Küchentuch geben. Dieses zu einem Beutel zusammenfassen und zusammenbinden.

2 Das Küchentuch mit dem Joghurt in ein Sieb legen, damit die Flüssigkeit abtropfen kann. Einen schweren Gegenstand auf das gefüllte Tuch setzen, z.B. eine Schüssel mit Wasser. Den Joghurt im Kühlschrank etwa 24 Stunden abtropfen lassen.

3 Ein Schraubglas samt Deckel sterilisieren (siehe S. 118/119) und kopfüber auf einem sauberen Küchentuch abtropfen lassen. Ein Schälchen mit etwas Olivenöl bereitstellen. Mit eingeölten Händen etwa 16 kleine Bällchen aus dem abgetropften Joghurt formen.

4 Die fertigen Joghurtbällchen in Olivenöl einlegen. Nach Belieben Kräuter und Gewürze hinzugeben, sehr gut eignen sich z.B. Knoblauch, Zitronenschale, Thymian, Chilischote und Zimtrinde. Die Joghurtbällchen als Vorspeise mit Fladenbrot servieren.

FÜR 1 GLAS (CA. 350 ML)

250 g griechischer Joghurt
1 gestr. TL Salz
ca. 250 ml Olivenöl

FÜR 2 GLÄSER (À CA. 280 ML)

1 Stiel Estragon
1 Bio-Zitrone
400 g Feta (Schafskäse)
2 TL rosa Pfefferbeeren
ca. ¼ l Olivenöl

Fetakäse eingelegt in Öl

ZUBEREITUNG // 15 min // 3 d

1 Zwei Schraubgläser samt Deckeln sterilisieren (siehe S. 118/119) und kopfüber auf einem sauberen Küchentuch abtropfen lassen.

2 Den Estragon waschen, trocken schütteln und die Blätter abzupfen. Die Zitrone heiß waschen und mit dem Sparschäler 4 Streifen von jeweils etwa 3 cm Länge abziehen.

3 Den Feta in Würfel schneiden. Den Käse mit den Pfefferbeeren, dem Estragon und der Zitronenschale in die Gläser verteilen. Jeweils mit so viel Olivenöl übergießen, dass der Käse bedeckt ist. Die Gläser luftdicht verschließen und im Kühlschrank 2 bis 3 Tage durchziehen lassen.

Mein Lieblingsrezept für...

eine internationale Spezialität

SNICKERS HOMEMADE

FÜR EINE FORM (CA. 28×18 CM) // ⏱ 1 h

1 *175 g gehackte Zartbitterschokolade* mit *50 g Erdnussbutter* in einer Schüssel über dem Wasserbad schmelzen. Ein kleines Backblech oder eine Auflaufform mit Backpapier auslegen und die Masse darin glatt streichen. Im Tiefkühlfach 5 Minuten fest werden lassen.

2 *200 g Marshmallowcreme (aus dem Glas)* mit *60 g Erdnussbutter* und *170 g Puderzucker* verrühren und gleichmäßig auf dem Schokoladenboden verteilen.

3 *125 g gesalzene, geröstete Erdnüsse* auf der Creme verteilen und hineindrücken.

4 In einem Topf *300 g Karamellbonbons* (z.B. Muh Kuh) mit *60 g Sahne* bei schwacher Hitze vorsichtig schmelzen, dabei immer wieder umrühren. Die Karamellmasse auf der Marshmallowmasse verteilen und im Tiefkühlfach 5 Minuten fest werden lassen.

5 *175 g Zartbitterschokolade* und *110 g Erdnussbutter* in einer Schüssel über dem Wasserbad schmelzen und gleichmäßig über der Karamellmasse verteilen. Im Kühlschrank vollständig abkühlen lassen, herausnehmen und mit einem Messer in Würfel schneiden.

Butcher

Mini-Panettone mit Mandeln und Rosinen

ZUBEREITUNG // 25 min // 45 min // 1 h 25 min

1 Mehl in eine Schüssel sieben und in die Mitte eine Mulde drücken. Hefe zerbröckeln und mit 1 EL Zucker und der Milch in die Mulde geben. Den Vorteig zugedeckt an einem warmen Ort 15 Minuten gehen lassen.

2 Mehl und Vorteig mit Zitronen- und Orangenschale, restlichem Zucker, Butter, Ei und Eigelben zu einem glatten Teig verkneten. Zugedeckt an einem warmen Ort etwa 1 Stunde gehen lassen.

3 Kandierte Früchte fein hacken. Rum erhitzen, Rosinen und kandierte Früchte hinzufügen. Vom Herd nehmen und ziehen lassen.

4 Mandelstifte goldbraun rösten. 4 EL Puderzucker darüberstäuben und karamellisieren. 18 Back- oder Souffléförmchen (à 200 ml Inhalt) mit Pergamentpapier auslegen und den Papierrand etwas hochziehen.

5 Den Backofen auf 175 °C vorheizen. Kandierte Früchte, Rosinen und Mandeln unter den Teig kneten. Den Teig zu Kugeln formen, in die Förmchen setzen und 10 Minuten gehen lassen. Mini-Panettone im Ofen auf der mittleren Schiene 45 Minuten goldbraun backen. Die Panettone samt Papier aus den Förmchen heben und durch ein feines Sieb mit dem restlichen Puderzucker bestäuben.

FÜR 18 STÜCK

- 250 g Mehl
- ½ Würfel Hefe (21 g)
- 50 g Zucker
- 50 ml warme Milch
- abgeriebene Schale von je 1 Bio-Zitrone und Bio-Orange
- 100 g weiche Butter
- 1 Ei · 2 Eigelb
- 80 g kandierte Früchte (z.B. Belegkirschen, Orangeat, Zitronat)
- 50 ml brauner Rum
- 80 g Rosinen
- 80 g Mandelstifte
- 6 EL Puderzucker

FÜR 8 GLÄSER (À 250 ML)

5 kg Orangen
(davon 5 Bio-Orangen)
Gelierzucker nach Bedarf (ca. 2 kg)

Orangengelee auf englische Art

ZUBEREITUNG // 20 min // 2 h 15 min // 3 h

1 Die Bio-Orangen heiß waschen, trocken reiben und so schälen, dass auch die weiße Haut mit entfernt wird. Die Hälfte der Schalen in feine Streifen schneiden. Das Fruchtfleisch aller Orangen in Würfel schneiden, dabei die Kerne entfernen.

2 Die Orangen in einer Metallschüssel im heißen Wasserbad 2 Stunden köcheln lassen, bis die Früchte sehr weich sind und zerfallen.

3 Ein Sieb mit einem Küchentuch auslegen und über eine Schüssel hängen. Das Orangenmus hineingeben und den Saft mehrere Stunden abtropfen lassen (nicht ausdrücken!).

4 Die Einmachgläser samt Deckeln sterilisieren (siehe S. 118/119) und kopfüber auf einem sauberen Küchentuch abtropfen lassen.

5 Den Orangensaft abmessen und die gleiche Menge Zucker abwiegen. Den Zucker mit 2 EL Wasser in einem großen Topf bei mittlerer Hitze unter Rühren schmelzen und zu einem dicklichen Sirup einkochen. Den Orangensaft und die -zesten dazugeben und offen bei starker Hitze 5 Minuten kochen lassen.

6 Das Orangengelee in die Gläser füllen, verschließen und 10 Minuten auf den Kopf stellen. Umdrehen und auskühlen lassen.

Register

L

M

N/O

P

R

S

T

V/W/Z

Bildnachweis

UMSCHLAG
B. Bonisolli

INNENTEIL
W. Cimbal: 13; S. Eising: 4–5, 20, 23, 27, 160; Eising Studio I Food Photo & Video: 2–3, 5, 6–7, 34, 35, 42–43, 58-59, 67 (u.), 71, 90–91, 114–115, 119 (re.), 130–131, 157 (o.), 162–163; C. Gödke: 120; B. Gölling: 37, 40, 55, 92, 102–103, 107, 108, 109, 111, 112, 113, 117, 118, 119 (li.), 135, 137, 139, 140, 141, 156; J. Kirchherr: 155; Kramp & Gölling: 25; J.-P. Westermann: 14–15, 17, 28, 32, 61, 89, 99, 127, 144–145, 149, 150, 152, 157 (u.), 159
STOCKFOOD:
K. Arras: 72, 73, 74, 77, 96 (u.); A. Blake: 10; B. Bonisolli: 44; O. Brachat: 11, 36, 48–49, 62, 63, 65, 105; R. Castilho: 62, 105; J. Caszals:31; W. Cimbal: 122–123, 136; C. Cooke: 125; Eising Studio I Food Photo & Video: 11, 67 (o.), 69, 87, 97 (o.), 132; és-cuisine: 165; M.O. Finley: 68; M.A. Flores: 78–79, 95; Food experts: 22; Foodcollection: 19, 39; Foodphotography Eising: 46, 51, 52, 56; I. Garlic: 153; H. Gerlach: 10, 94; Gräfe & Unter Verlag/Fotos mit Geschmack: 81; Gräfe & Unter Verlag/C. Lang: 142–143; Gräfe & Unzer Verlag/ J. Hörsch: 66; P. Gross: 84; A.C. Hole: 96 (m.); Jalag/ O. Schwarzwald: 128; W. Kowall: 100; Krause & Johansen: 164; G.-J. Kruse: 96 (o.); R. Küng: 129; T. Major: 30; N. Mosalenko: 104; M. Paluchowska: 97 (u.); PhotoCuisine/Studio: 82; PhotoCuisine/Fotospring: 147; J. Riou: 53; J. Skipper FoodStyling: 126; T. Stürmer: 18, 148; F. Taube: 133; B.V. Visions: 101; F. Weymann: 57; B. Winkelmann: 161; T. Zouev: 85

DIE REZEPTSYMBOLE

- Zubereitungszeit
- Garzeit
- Wartezeit
- Kühlzeit
- Einweich-/Marinierzeit

Kaiserstraße 14 b
D-80801 München

ISBN 978-3-89883-635-7
2. Auflage 2019

Projektleitung: Martina Solter, Eva-Maria Hege
Rezepte & Texte: Michael Koch
Redaktionelle Mitarbeit & Lektorat: Katinka Holupirek
Grafische Gestaltung: Irene Schulz, Kerstin Duben
Fotografie: siehe Bildnachweis
Herstellung: Frank Jansen
Producing: Jan Roussok
Druck & Bindung: optimal media GmbH, Röbel

Die ZS Verlag GmbH ist ein Unternehmen der Edel AG, Hamburg.
www.zsverlag.de I www.facebook.com/zsverlag